明倫国際法律事務所
ベトナムプラクティスチーム

代表弁護士
田中 雅敏

ベトナムオフィス 代表弁護士
原 智輝

ベトナム弁護士
Bui Hong Duong

フェアコンサルティングベトナム

日本国公認会計士
石井 大輔

オーストラリア公認会計士
藤原 裕美

日越弁護士・会計士が法制度から取引手順まで詳しく解説！

ベトナム不動産投資案内

住宅新報出版

はしがき

　本書は、ベトナムにおける不動産関連法及び会計税務分野について幅広く取り上げ、実務上の注意点や運用について解説し、今後ベトナム不動産に関わる方のための羅針盤となることを願って出版したものです。

　執筆にあたっては、不動産分野に多くの経験と高い意欲を持つベトナム人弁護士を筆頭に、ベトナム不動産事業に精通した著者らが担当しております。

　これまで、ベトナム法務や会計税務に関する書籍は、それらの全般を横断的に記載したものが多く、不動産のような特定の事業に対してスポットを当て、一つの事業に焦点を絞って書かれた書籍が乏しいと感じていました。これからのベトナムの経済成長に伴って、多くの投資家や企業がベトナムを魅力的な市場として検討することが増えてくるだろうと思われるなか、本書のような特定の事業や分野に特化した書籍が必要とされると確信しております。

　ベトナムでは法改正や行政運用の変更が頻繁であるために、実務運用において不透明な部分が多く生じております。そうしたベトナム不動産に関する運用の不透明性からベトナム進出を決断するのが困難になったり、不動産投資家がベトナム不動産への投資効果を十分に吟味できなくなったりするようなことになれば、それは企業や投資家側だけでなく、ベトナムの成長においても損失と言わざるを得ません。

　本書の構成は、前半部分でベトナム不動産に関わる基本事項から始まり、各不動産関連法の整理と解説を行っています。後半部分では、賃貸などさらに事業ごとにテーマを整理し、各運用に沿った注意点や法令の関係を説明する内容となっています。また、これら法令等の運用に関連して生じる会計税務を併せて盛り込むことで、不動産に関連する幅広い情報を集約した形を目指しました。

　こうした書籍を世に送り出すことができたのは、執筆を担当したベトナム人

弁護士をはじめとする多くの関係者の渾身の努力と、ベトナム語を膨大な執筆原稿に落とし込みながら全体の整合性を図ってきた編集の方々の精力的作業の賜物と確信しております。しかし、本書が多くの関係者によって分担されて執筆されたことから、各章の構成や、法令等の説明としての明瞭さを優先させたことで生じる項目の順序など、全体としてやや統一感に欠けるところがあることは否めず、その点はご容赦いただけますと幸いです。

　最後に、本書が企業や投資家などベトナム不動産に携わる多くの方々に幅広く利用されるとともに、具体的に不動産事業を進めていく一助となることを心から願っています。

　2022年2月

明倫国際法律事務所

田中　雅敏

原　　智輝

Bui Hong Duong

フェアコンサルティングベトナム

石井　大輔

藤原　裕美

I 総　論

II 不動産に関する外資規制

Ⅳ　不動産プロジェクト取得に関する法制度

Ⅴ　ベトナムにおける不動産譲渡のプラクティス

Ⅵ　ベトナムにおける不動産賃貸のプラクティス

Ⅶ　不動産に関する紛争、紛争解決制度

Ⅷ 不動産に関する会計

Ⅸ 不動産事業に関する税務

I

総　論

1 ベトナム基本情報

（1）概　要

　ベトナム社会主義共和国（以下、「ベトナム」という）は、インドシナ半島東部に位置し、東南アジアに所属する国である。ベトナムは北部に中国と4,550kmの国境を持ち、北西にラオスと南西にカンボジアと国境を接し、東は南シナ海と接する。

　ベトナムの面積は331,236km²で、日本と同様に南北に長い国である。2020年の総人口は、97,582,700人であり、人口密度は295人/km²である[1]。

　国土の4分の3が山岳地帯となり、北東に向かうにつれ、低地となっているため、ほとんどの人口が、東側に集中している。特に、ハノイ、ホーチミンといった主要な経済の中心地は常に高い人口密度となっている（2020年のホーチミン市の人口密度は4,476人/km²である）[2]。そのため、大都市における不動産の価格は

図1. ベトナムの各省の図[3]

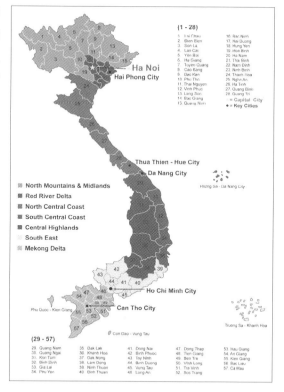

1　ベトナム統計局が発行した2021年6月30日付2020年統計データによる。
　https://www.gso.gov.vn/wp-content/uploads/2021/07/Nien-giam-Tom-Tat-2020 Ban-quyen.pdf

2

常に高い状況にある。

（2）政治体制

　政治体制について、ベトナムは一党体制の社会主義共和国であり、ベトナム共産党により指導されている。国会は、国民の選挙により選出される国会議員からなり、国家の最高機関であり、国民の代表として国家権力を行使する。

（3）行政組織

　地方行政組織は、省レベル・県レベル・町レベルという3つのレベルに分けられる。省レベルは全ての省と中央直轄市を含む。

　現在、ベトナムは58省と5中央直轄市（ハノイ市、ホーチミン市、ハイフォン市、ダナン市、カントー市）に分けられ、計63の省レベルの行政単位がある（詳細は図1の通り）。省レベルの下には5つの区分があり、それは県、区、市社、省所属都市、中央直轄都市所属都市である。県レベルの下は社級であり、地域により名称は異なるが、社、坊、市鎮がある。

（4）経　済

　ベトナムの経済構造の概要については、図2の通りである。この図によると、サービスセクターは現在ベトナムの経済において最も貢献しているセクターであり、GDPのシェア最大の41.6％を占める。次いで、産業セクターと建設セクターが、GDPのシェアの33.7％を占める。その貢献のほとんどは、ホーチミン市とハノイ市をはじめとする中央直轄市からのものである。2019年のデータによれば、全国のGDP成長率のうち、22.27％はホーチミン市、19.37％はハノイ市の貢献によるものであった。活発な経済をはじめ、豊富な就業機会、高品質なサービスにより、これらの都市は常に全国多数の若い労働力を引き付けている。そのため、ハノイ市やホーチミン市は魅力的な投資先となっており、土地

2　ベトナム統計局が発行した2021年6月30日付2020年統計データによる。
　　https：//www.gso.gov.vn/wp-content/uploads/2021/07/Nien-giam-Tom-Tat-2020Ban-quyen.pdf
3　図は在フランスベトナム大使館から取得。

資源は徐々に枯渇している。

　それに対し、ダナン市などではまだ豊富な土地資源があると思われる。ダナン土地資源開発センターの2019年9月に公開された情報によると、再定住地[4]の土地資源について、現在、市全体では23,458ロットがあり、そのうち15,607ロットは更地であるが、7,851ロットは未だ更地となっていない。更に、ダナン市は全域で1,311,851.8㎡の計247の大規模な土地区画[5]がある。これにより、巨大な土地資源を持っているダナン市のような若い都市が、今後多くの開発と投資を必要としていることが分かる。

図2．ベトナムの2020年の経済構造図[6]

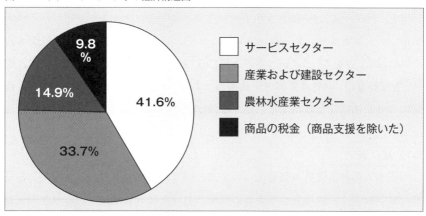

4　「再定住地」というのは、国が個人の土地を回収する時、再定住の対象になる個人のために手配される土地という意味である。

5　ベトナム語のlô（ロット）とkhu đất（土地区画）の両方は一定の土地の面積を表すが、小さな面積がある土地をlôロットといい、より大きな面積がある土地はkhu đấtといい区別する。一つの土地区画がたくさんのロットに分けられるのが一般的である。

6　ベトナム統計局が発行した2021年6月30日付2020年度の統計データによる。
https://www.gso.gov.vn/wp-content/uploads/2021/07/Nien-giam-Tom-Tat-2020Ban-quyen.pdf

4

2　ベトナム行政体系

2.1　　　　　　　　　　　　　　　　　　　　　　　　　行政体系の概要

（1）共産党の存在

　ベトナムは、共産党の一党支配のもと、現在も社会主義体制を維持しており、憲法において、共産党の指導的役割について明記されている。中央及び省、県、町のレベルごとに共産党が組織され、政策決定に影響力を持つ。

　共産党のトップは、全国共産党大会であり、共産党大会で全国国民が共産党の中央執行委員会を選挙する。共産党の中央執行委員会は、全国共産党大会の議決を実施するための最大権限機関である。共産党の中央執行委員会のトップは、共産党の中央執行委員会の書記長である。書記長の任期は、共産党の中央執行委員会の任期と同様で、5年間となる。共産党の中央執行委員会の常務機関としては、「政治局」という機関が設置されている。共産党の中央執行委員会の書記長は、同時に政治局のトップである。

　地方には、行政区分に沿って、省レベル党委員会、県レベル党委員会及び町レベル党委員会がある。

（2）中央レベルの国家組織

①　国　会

　国会は人民の最高の代表機関かつ国権の最高機関とされ、憲法制定権と立法権を有する唯一の機関である。国会の主な任務及び権限は、憲法及び法律の制定と改正、国家経済開発計画、財政計画及び民族政策の決定、大統領、副大統領、国会議長、副議長、国会常務委員会各委員、首相、最高人民裁判所長官等の選任・解任等である。

②　国家主席

　国家主席はベトナムの国家元首である。国内及び対外的な代表で、国会により選出される。大統領の位置づけで儀礼的な役割も果たす。そして、国会に対

して責任を負い、報告する義務を負う。国家主席を支援する部門として国家副主席、国防安全保障理事会、国家主席事務所がある。

③　政　府

政府は、国会の執行機関及び最高の行政機関であり、国家の政治、経済、文化、社会、国防、治安及び諸外国との対外的業務等を統一的に管理する。また、各地方レベルの行政機関である人民委員会を指揮し、指導、監督をも行う（省レベルの人民委員会委員長の罷免や人民委員会の決定に対する執行停止などの権限）。

④　最高人民裁判所

下級裁判所の判決を監督し、裁判の実務を統括し、裁判における法律適用の統一性を保証する役割を務める。

⑤　最高人民検察院

起訴の権限を有し、司法活動を管理する。

（3）地方レベルの行政組織

地方レベルでは、地方の住民を代表する機関として、行政区分に沿って省レベル人民評議会、県レベル人民評議会、町レベル人民評議会がある。また、各地方レベル人民評議会の執行機関である省レベル人民委員会、県レベル人民委員会及び町レベル人民委員会が設置されている。

（4）ベトナム祖国戦線、労働組合及び他の政治・社会組織

ベトナム祖国戦線、労働組合及び他の政治・社会組織は次の役割を務めている。

第一に、政策の発展、つまり政策提案、政策討論、政策助言、政策レビュー、批評などの活動を通じて、国家機関の政策立案プロセスに参加すると同時に、国家機関が政策を調整及び更新するための推奨及び提案を行う。

第二に、党組織、国家機関、地方の幹部や公務員の活動を監督する。

第三に、企業活動の監督、特に企業の社会的責任の遂行を監視する。

第四に、公共サービスの提供に参加し、社会問題を解決するために当局と協

力する。

　第五に、市民参加を拡大し、市民権の精神と責任を育成し、教育する。

2.2　　　　　　　　　　　　　　　　　　　　　行政システム

（1）概　要

　行政機関は中央レベルの政府と地方レベルの人民委員会で構成されている。

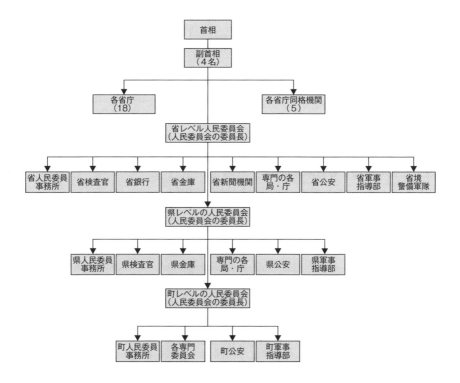

（2）行政区画

　ベトナムの行政機関は首相、4名の副首相、各省大臣及び省と同格の国家機関の長により構成される。現在、省庁及び省庁同格機関は23設置されている（18省庁及び5省庁と同格機関）（2021年）。

地方行政単位ごとに、それぞれ地方議会としての人民評議会、その執行機関である人民委員会が設置されている。

（3）各地方レベル自治体数（地方自治体の数は 2020 年末現在[7]）

① 省レベル地方自治体

　全国に63（58省、5中央直轄特別市）の省レベル地方自治体がある。

② 県レベル地方自治体

　全国に 707 の県レベル地方自治体がある。その内訳は、省の下に493 県（rural district）、51 省直轄町（town）、77 市（city）、中央直轄特別市の下に 49特別区（urban district）、36 県（rural district）、1 市直轄町（town）である。

③ 町レベル地方自治体

　全国に 10,614 町レベル地方自治体（町 town、村 commune、区 ward、郊外村 sub-urban commune）がある。

2.3　　　　　　　　　　　　　　　　　　　不動産に関する行政体系

（1）不動産に関する行政体系

　土地法には、土地管理機関に関する規制が規定されている。ベトナムの土地管理機関の組織体系は、中央レベルから地方レベルまで一様に組織されている。

ⅰ．中央レベルの土地の国家管理機関は、政府を代表する天然資源環境省である。

ⅱ．地方の土地管理国家機関は、省、中央直轄特別市及び省に所属する県、省直轄町、市で設立される。公共土地サービス組織は、政府の規制の下で設立され、運営される。地方の土地管理機関は次のとおりである。

　　・省、中央直轄特別市の土地管理機関は天然資源環境局である。

　　・省に所属する県、省直轄町、市の土地管理機関は天然資源環境課である。

ⅲ．天然資源環境局、天然資源環境課、土地の登録事務所等の地域の機関は、土地の状態を管理する責任を実行するために割り当てられる。

7　統計総局の2020年9月までのデータ

iv．省人民委員会、県人民委員会はそれぞれの地域で土地管理の組織を構築する責任を負う。地方人民委員会は、土地管理担当者を任命し、その任務を遂行する。

ｖ．天然資源環境省は、内務省と協力し、地方の土地管理機関の機能、任務、組織構造及び地方の地籍担当者の職務を指定する。

（2）住宅を管理するための行政体系

　ベトナム社会主義共和国の国家は、「住宅と不動産市場データベース」のシステムを通じて全国における住宅を管理する。

　住宅と不動産市場データベースは、情報を収集、調査、評価、処理し、デジタル化された住宅と不動産市場に関する基本的なデータを掲載している。情報システム、ストレージデバイス、及びメディアによって更新、管理、利用されるデータファイルの形式で体系的かつ組織的に統合、保存される。国家管理、経済、社会活動及びその他の正当な目的のための情報技術システムである（住宅と不動産市場に関する情報システムの建設、管理、使用に関する2015年11月12日付の政令No.117/2015/NĐ-CP第6条1項）。

　地方の不動産市場及び住宅のデータベースの開設、保存、管理の責任は省、中央直轄都市の人民委員会（省人民委員会という）から地方建設局に移転されている。

3 ベトナムの法体系

3.1 法源と法制度

（1）法の由来

　ベトナムの私法システムは、フランスとソビエト社会主義共和国連邦の法律に大きな影響を受けている。「文明化」の名の下でフランスがベトナムを侵略した時代にフランスは民法をもたらし、ベトナムにそれ以前存在した法制度のほとんどを変えた。その後、社会主義思想が導入されるに伴い、ベトナムの私法は影響を受けたが、フランスの影響は強く残った。

（2）法研究の状況

　ベトナムでの現在の法研究においては、学問的に、明確な法理や学派はないようである。ドイモイと呼ばれる時代以前、ベトナムの法理及び法的思想はほぼソビエトの影響を受けていた。それは理論研究を重視するモデルであり、学問的特性を強調するが、実用性と応用性には欠けていた。

　その後、ソビエト式の体制モデルは崩壊し、市場主義経済の長い歴史を持つ先進国から支援を受けて法体系を構築していった。学問的な研究などは研究者や専門機関を対象にする一方、教育は実務を重視したものになった。法律制定の面に関して、過去30年間に渡って、ベトナムは明確な法律の学派に従ったことがない。それは、上記に述べた法的思想[8]の当然の結果であると考えられる。

（3）法の体制

　しかし、ベトナムの法的思想、法律システムの構造及び思想政策は基本的に成文法を中心としたヨーロッパの法律の学派（大陸法）に従っている。近時、判例制度が導入され、判例は、法源ではないが、法の解釈の面で様々な参考となっ

8　准教授／博士　Dinh Dung Sy『国の更新及び発展の過程におけるベトナムの法律システム』（第1号（401）法律研究雑誌、2020年1月）

ている。しかし、ベトナムの判例法は英米法の判例法と異なる。ベトナムの判例法の役割は以下のようなものである。

　　ⅰ．法律の規定は様々な解釈があることを示す。

　　ⅱ．法的な事実、問題を分析・解説し、特定の場合に対してどのような規則、解決方法、法律の規定を適用するのかについて指摘する。

　　ⅲ．特定の法律のない問題に対して公平性を示す。

　　ⅳ．裁判において統一的に法を適用する[9]。

　ベトナムの判例は成文法より価値が低く、現行法の抜け穴を埋めるサポートツールとしてのみ認められる[10]。

3.2　　　　　　　　　　　　　　　　　　　　法規範文書の有効性

（1）法規範の一覧

　ベトナムの法制度では下記のような法規範文書がある。

　1.　憲　法
　2.　国会の法典、法律、国会の議決
　3.　国会常務委員会の法令、議決；国会常務委員会とベトナム祖国戦線中央委員会議長団との間の合同議決
　4.　国家主席の命令、決定
　5.　政府の政令、政府とベトナム祖国戦線中央委員会議長団との間の合同議決
　6.　政府首相の決定
　7.　最高人民裁判所裁判官評議会の議決
　8.　最高人民裁判所長官の通達；最高人民検察院長官の通達；大臣、省同格機関の長の通達；大臣、省同格機関の長と最高人民裁判所長官、最高人民検察院長官との間の合同通達；国家会計検査院院長の決定
　9.　省、中央直轄都市（以下「省級」と総称する。）の人民評議会の議決
　10.　省級人民委員会の決定
　11.　特別行政経済単位の地方政権の法規範文書
　12.　県、区、市社、省所属都市、中央直轄都市所属都市（以下「県級」と総称する。）の人民評議会の議決
　13.　県級人民委員会の決定

9　No.04／2019／NQ-HDTP議決
10　准教授／博士Ngo Huy Cuong、『ベトナムの私法へのフランスの法律の影響』
　　https：／／thongtinphapluatdansu.edu.vn／2016／11／22／01-6／

14. 社、坊、市鎮（以下「社級」と総称する。）の人民評議会の議決
15. 社級人民委員会の決定

（2）法規範の優位

法規範文書の法的有効性は上記の順序であり、憲法が最も高い法的効力を持つ。一方、場所的効力に関しては、各中央国家機関の法規範文書が、全国の範囲において効力を有し、全ての機関、組織、個人に適用される。ただし、権限を有する上級国家機関の法規範文書又はベトナム社会主義共和国が加盟する国際条約が異なる規定を有する場合を除く。

各地方の人民評議会、人民委員会の法規範文書は、当該行政単位の管轄において効力を有し、当該文書そのものにおいて具体的に規定されなければならない。

3.3   三権分立

（1）概　要

現在、世界の多くの国では、「権力分立」のモデルを採用している。国家機構における監督／抑制／職権濫用の防止メカニズムを目的として、国家の権力は3つの機関（立法、行政、司法）に分けられる、というモンテスキューの学説である三権分立が中心的な考え方となっている。

（2）国家権力の統一

しかしベトナムは、一党体制である社会主義共和国で、国家機構を分立させていない。ベトナム社会主義共和国の憲法2条3項には、「国家権力は統一されており、立法権、行政権及び司法権それぞれの実行において、各国家機関の間でお互いに配分、協同、抑制される。」ということが明確に記載されている。

統一された国家権力がある以上、その権力は原則としていかなる他の個人や組織にも共有されない。本来、各国家機関は、立法権、行政権や司法権を実行する際に、国民によって委任された権限を実行することに限られる。ベトナム

社会主義共和国の国会の代表、各級人民評議会の代表（2013年憲法及び2015年の国会議員及び人民議会議員選挙法）も、普通、平等、直接及び秘密投票の原則に従って選挙されてきた。

　国会と人民評議会の各代表は、人々に仕え、人々によって委任された業務の履行を義務づけられる。国会は、人民の最高代表機関であり、ベトナム社会主義共和国の最高権力機関である。国会は、憲法制定権及び立法権を持ち、国の重要な問題を決定し、国家の活動に対して最高の監督権を有する。

　政府はベトナム社会主義共和国の最高の国家行政機関及び国会の執行機関であり、行政権を行使し、国会が選出した首相に指導される。政府は、ベトナム社会主義共和国の国会、国会常任委員会及び国家主席に対して業務報告の責任を持つ。

　ベトナム社会主義共和国の審理機関である人民裁判所は国会への報告義務を負う。

（3）まとめ

　このように、ベトナム国家の権力は統一され、このベトナム国家の立法機関（国会）、行政機関（政府）、司法機関（人民裁判所、人民検察院）の三つが協力して人々に仕えている。

4 不動産市場の概要

（1）不動産とは

　財産は「不動産」と「動産」に分類される。2015年ベトナム民法107条によれば、不動産は次のように定義される。

　ⅰ．土地

　ⅱ．土地に付着した住宅、建築物

　ⅲ．土地、住宅、建築物に付着したその他の財産

　ⅳ．法令の規定に基づくその他の財産

　このように、不動産は土地だけでなく、建設工事、樹木など、土地に付着した人間の労働力によって造られたすべてのものを含む。

（2）ベトナム不動産市場

　近年のベトナム不動産市場は、急速に規模が成長しており、経済成長と他の産業に貢献している。また、ベトナム不動産市場の数量、種類、資金、市場参加者も急速に増加してきた。

　ただし、2019年末の専門家の評価によると、不動産市場の停滞が指摘されていた。2020年になるとCOVID-19（新型コロナウィルス）感染症が発生した影響で、ベトナム不動産市場とその他の全ての業界は停滞し、多くの会社が倒産し、投資家の多くが財政的な困難に陥り、元本と利息を返済することができなくなった。住宅関係の会社では自己資本率は20％程度で残りは銀行からの融資であるが、現在、銀行からの借入は非常に困難であり、失業率の上昇、賃金と所得の低下で顧客から資金を調達することも難しい状況である。

　不動産事業における資本の回収見込みは10〜15年程度で考える必要があるため、プロジェクトを実施する過程で、資産を譲渡または売却するニーズが生じる。そうした背景の中で、最近の市場では、多くの潜在的な投資家が不動産業界で困難に直面している投資家からプロジェクトを購入しようとしている。

　ベトナム不動産協会（VNREA）の統計によると、2020年現在、国内の大規模リゾート不動産プロジェクト運営管理会社の取引は約90％減少している。

　統計総局によると、2020年の最初の8か月で、不動産事業で最大620の企業、建設部門で897の企業が倒産した。これは昨年同期間と比較して159％の増加である。

　2019年、ハノイの不動産市場では、新規供給が24％減少し、販売価格が平均で8％増加した。2020年第1四半期までは、オフィス不動産の市場はCOVID-19感染症に強くは影響されておらず、他の商業市場セグメントと比較しても経済変動に柔軟で、長期的には景気の安定が見込まれていた。工業用不動産市場の場合は、工業用地の供給が少ないことと賃貸割引がないことから、インフラと貿易自由化協定の改善により、長期的には引き続き良好な見通しを維持している。

　2020年の第1四半期も、ホーチミン市のオフィス不動産市場はハノイに似ており、政府による社会隔離の影響で、オフィス賃貸の取引は遅延した。遅延したオフィス賃貸取引では、教育とITは17％、製薬業と生化学は11％、製造業は6％を占めている（2020年3月のCBREベトナムによる）。

　しかし、感染症の長期化にもかかわらず、政府の支援政策により、企業は急速に適応し、市場の回復の兆候は非常に迅速かつ強力に現れている。統計によると、プロジェクト事業者からの直接購入率は75％を超えている。

　また、米中貿易戦争の影響により、ベトナムへの生産設備移転の波が発生し、ベトナムの工業用不動産市場の拡大を後押ししている。それに伴い、工場の労働者のための住宅を建設する必要性が生じている。このように、ベトナムの工業用不動産市場が活発になることで、既存及び新規のテナントからの土地及び工場の需要が増加している。

　また、ベトナムは、関税の引き下げ、市場の公開を自由貿易協定（EVFTA）や環太平洋経済連携協定（CPTPP）協定により約束し、多くの外国人投資家の投資先として期待されている。

5 ベトナム不動産への投資動向

（1）不動産への投資の状況

　2008年半ばに世界経済の影響を受けて、ベトナムでの不動産市場が崩壊したが、2014年から現在に至るまでは、不動産市場での事業活動は活発化している。

　2017年、市場は力強く躍進し、大きな成長を遂げた。2017年の不動産事業活動は4.07％増加し、2011年以来最高となり、国のGDPの6.81％の総成長率に0.21％ポイント貢献している。2018年の不動産事業も引き続き活発で、2018年第2四半期の不動産事業は4.21％成長し、過去6年間で最高となった。2018年の不動産事業への外国投資資本（FDI）は、約66億米ドルであり、同年度のベトナムのFDIの18.6％を占めた[11]。2019年度には、不動産事業のFDIは約39億米ドルであり、FDIの全体の10.2％を占めた[12]。2020年度には、42億米ドルと14.7％に増加した[13]。

　2019年にベトナム国家銀行が不動産市場に金融引締を適用したため、ベトナムの不動産開発は鈍化する傾向となったが、大幅な下落には至らなかった。専門家によると、これは市場がより安定する段階で、財力がある投資家はその運営を維持できたが、弱い企業又は投機的な取引を行う企業はこの困難な期間を乗り越えられない可能性から、この機会に淘汰されたとのことのようである。

　ベトナムの不動産投資は次の通りいくつかの傾向がみられる。

11　投資局の2018年12月24日付外国投資資本報告による。
　　http：//www.mpi.gov.vn/Pages/tinbai.aspx?idTin=41920&idcm=208
12　投資局の2018年12月27日付外国投資資本報告による。
　　http：//www.mpi.gov.vn/Pages/tinbai.aspx?idTin=44963&idcm=208
13　投資局の2018年12月28日付外国投資資本報告による。
　　http：//www.mpi.gov.vn/Pages/tinbai.aspx?idTin=48566&idcm=208

（2）工業団地の不動産は今後も繁栄し続ける

　世界の新たな製造拠点となる可能性を秘めたベトナムは、投資家や産業用不動産開発業者からますます注目を集めている。過去数年間、工業用不動産は最も魅力的なセグメントであり、国際的な投資家のなかには工業用不動産の成長に対する強い信頼が生まれている。

　近年、ベトナムは2,000kmの新しい高速道路を含むインフラへの投資にも力を入れており、交通手段の利便性の向上は、都市周辺市場への供給を拡大する機会を生み出すと期待されている。

　輸出重視の経済を構築する方向性と主要な経済圏である工業地帯の確立、FDI資本を誘致する環境の作成等により、このセグメントは今後も魅力的なものになると考えられる。

　さらに、2019年以降、長期にわたる米中貿易の緊張は、ベトナムの工業用不動産市場にも直接的な影響を与えた。生産事業者は、生産拠点を中国から別の市場に移行することを目指している。同時に、物品関税の引き下げ、市場開放を志向する新しい自由貿易協定はベトナムの産業市場にプラスの影響をもたらした。環太平洋経済連携協定（CPTPP）の包括的な改革協定は2019年1月に正式に調印され、ベトナムとEUの自由貿易協定（EVFTA）は2019年6月に締結された。ベトナムは多くの外国人投資家にとって、特に不動産事業への投資先になると期待されている。

　2021年第1四半期の調査データによると、2020年度のベトナムの平均工業用地の賃料は2019年の当時と比べると8.1％増加した[14]。計画投資省の経済区管理部によると、2021年2月までに、ベトナムには370の工業地帯が存在し、総面積は115,200haである。このうち、284の工業地帯が稼働しており、総土地利用は73,300ha、占有率は64％である[15]。

　2020年に入ると、COVID-19によって引き起こされた深刻なサプライチェーンの混乱は、単一の生産拠点への過度の依存リスクを再び強調した。特に中国

14　Savills Vietnam 不動産会社による。
　　https：∕∕vneconomy.vn∕gia-thue-dat-khu-cong-nghiep-tang-ngoai-kho-toi-noi-kho-vao.htm
15　http：∕∕www.mpi.gov.vn∕Pages∕tinbai.aspx?idTin=49041&idcm=188

に生産拠点を持つ企業は他の近隣国に生産拠点を移そうとしているが、ベトナムはその有力な候補地である。自由貿易協定は、ベトナムの工業用地の需要を高める一因となっている。

ベトナムは13の有効な自由貿易協定に参加し、他の6つの協定が交渉中または調印中であるが、正式には発効していない。

ベトナムもCOVID-19（新型コロナウイルス）の流行の影響を受けたが、不動産開発業者は市場が回復するにつれ、内外の需要を満たすための新しいプロジェクトの準備を継続している。ベトナムへの外国投資を誘致するために外国人の不動産への投資を解放し、支援するためのいくつかの政策や法律が提案されている。

上記の要因と比較的低い人件費の組み合わせにより、工業用不動産市場は今後の投資を引き付ける市場だと考えられる。

しかし、ベトナムは依然として多くの課題に直面しており、不動産の需給の不均衡と限られたインフラは未解決の問題である。したがって、投資家からの多くの異なるニーズを満たすためにインセンティブポリシー、リスク管理、インフラへの公共投資における中央政府の包括的なサポートだけでなく、開発者の迅速な適応も必要である。

（3）投資の近隣市場への移行

ハノイやホーチミンなどの大都市の土地はますます減少し、不動産事業を鉱物、工業、特に観光開発など経済発展に有利な他の産業に移行させている。さらに、有利な土地入札手続とハノイやホーチミンでのプロジェクトよりも短い投資サイクルは、多くの投資家に地方への進出を選択させ、新しい都市の建設を促している。

北部での不動産市場は、産業、テクノロジー、インフラへの強力な投資がある省、たとえばバクニン省、バクザン省、ビンフック省などで発展すると思われる。これらの地域は、土地面積は広く、将来的には工業用及び住宅用に土地使用が拡大すると考えられている。

南部と南東部には、ビンズオン省、ドンナイ省のビエンホア市、ロンアン省

などがあり、これらの地域の経済発展は不動産市場を強力に発展させると予測される。中部地域では、観光の需要が見込まれるダナン市、カンホア省のニャチャン市、などで開発の可能性がある。

　2019年には、ラムドン省、ダクラク省、ザライ省など、非常に力強く発展した新しい不動産市場が現れた。さらに、東北地域では現在、多くの有名な投資家によって調査及び投資がなされている。

（4）住宅セグメントは成長の勢いを維持

　専門家の判断では、住宅セグメントは着実に成長しており、COVID-19の影響を受けずに発展できるということである。住宅やアパートの購入は長期生活のニーズと計画に基づいていることが理由である。低価格のアパートはまだ不足しており、高級アパートも投資家にとって魅力がある。

　一方、ベトナムは現在、世界で15番目に人口の多い国であり、都市化率が高く、GDP成長が安定しているため、住宅需要は非常に高く、COVID-19の後、販売価格は急激に上昇する可能性が高い。また、住宅購入の際の金融機関からの借り入れ条件が厳しいこと、さらにプロジェクトの法的透明性の問題などが全体的な購買力に影響する可能性がある。

　国民の住宅ニーズに対応するため、2021年から2025年にかけて、住宅・不動産市場管理局（建設省）は、低価格の住宅の開発を促進するための政策を立案し、提案している。その理由は、現在、低価格の住宅が少ないのに対し、ハイエンドの不動産が多いが、ミッドレンジ又は低価格の住宅の需要は、ハイエンドの不動産よりもはるかに高いからである。提案に従い、面積が75㎡未満で価格が2,000万VND/㎡未満の低価格の住宅セグメントに参加する企業に対する優待を増やすよう規定されている。この決議が出れば、市場の安定性にも貢献できると考えられる。

（5）M＆Aは引き続き活発

　金融機関の活動を制限する通達22/2019/TT-NHNNが2020年から正式に発効したことは、企業の資本不足を引き続き引き起こしている。さらに、COVID-19

のために製品を販売できないことで、財務能力の低い投資家は、M＆Aを通じて投資家を探すか、プロジェクトの全部又は一部を譲渡することになる。過去のデータを考慮すると、市場が危機に陥った時、M＆A活動は非常に活発となる。

　例として2019年のM＆A取引では、韓国のSKグループが10億ドルを投資してVingroup株を購入したり、Son Kim Real Estate Companyは、投資家グループであるACA Investments、EXS Capital、Credit Suisse AG等から1億2,100万米ドルを調達したことなどが挙げられる。

　また、2020年も、M＆A取引は引き続き大幅に増加した。金融投資は効果的な投資方法であるため、資産家・投資家、国内又は海外のベトナム人にとってよい機会である。不動産会社も、海外を含めた経済力のある人と取引機会を持てることから歓迎している。

6 ベトナム不動産投資に関連する諸政策

（1）概 要

　不動産事業は、最も多く職業を生み出すセクターの一つである。VCCIによると、この産業はベトナム経済の指標と見なされており、GDPの約10%を占めている。これは、不動産業界の国民経済への大きな貢献である。

　さらに、不動産事業は200以上の業界に強い影響を与え、不動産事業に直接関係する何百万の労働者がおり、この市場の衰退または回復はベトナムの経済に直接影響を与えている。このため、ベトナム政府は今後不動産事業を発展・普及させ、ベトナム経済全般を発展させる政策を検討している。

（2）不動産事業投資に関する国家政策

　透明性と持続可能な発展を促進しながら、不動産事業活動におけるそれぞれの役割担当者の平等を確保するとともに、不動産市場での取引関係における利益を確保するため、ベトナム政府は法規範文書を制定した。これらは、不動産事業プロジェクトを実施及び開発している組織・個人を奨励・支援するための方針である。まず、不動産事業投資に関する国家の方針は、2014年不動産事業法7条に以下のように規定されている。

ⅰ．国家は、不動産事業投資の経済組織に属する組織、個人を、時期ごと、地域ごとの国土の経済‐社会発展目標と合致するように奨励する。

ⅱ．国家は、社会住宅建設投資を行う組織、個人及び投資優遇を得られるプロジェクトに対して、租税、土地使用料、土地賃料の免除、減価、優遇信用を奨励し、その政策をとる。

ⅲ．国家は、プロジェクト外の技術インフラストラクチャ事業の建設に投資し、組織、個人がそれに投資することを奨励する。投資優遇を得られるプロジェクトに対して、その内部の技術インフラストラクチャ事業の建設投資を支援する。

iv．国家は、不動産事業投資プロジェクト内の都市公益サービス、社会イン
　　フラストラクチャ事業に投資し、組織、個人がそれに投資することを奨励
　　する。

v．国家は、変動時に不動産市場を平穏化するメカニズム、政策をとり、投
　　資家及び顧客の便益を保証する。

ベトナム政府は外国投資家にベトナムでの不動産プロジェクトへの投資と開
発を奨励している。奨励・優遇が与えられる分野は、社会住宅[16]の建設、都市
の公共サービス、社会インフラ工事への投資である。これに従い、投資を誘致
し、投資家の有利な条件を作成するために、ベトナム政府は奨励・優遇の政策
を施行した。

（3）土地に関する政策

土地賃料及び土地使用料の免除又は減額について、2013年土地法110条１
項[17]に指定された対象者は、土地の賃料、使用料、使用税を免除又は減額され
る。

具体的には、承認済みプロジェクトは基礎的な建設の間、土地賃貸借決定の
日から３年を超えない範囲で土地賃料が免除される。例えば、借主が承認済み
プロジェクトの下で農業生産（多年生の植樹）のために土地を使用する場合、土
地の基礎的な準備の期間中は地代を免除される。この条件は樹木の種類ごとに、
農業農村開発省によって規定されている多年生の植樹と養成に準拠している。基

16　社会住宅は住宅に関する援助政策を享受することができる特別な対象者のために国が支援する住宅である。
17　第110条．土地使用料、土地賃料の減免
　　1．土地使用料、土地賃料の減免は以下の場合に実施される。
　　　a）商売住宅を建設する投資案件除き、投資関連法令の規定に準拠する投資優遇分野或いは投資優遇地区に属する生産・
　　　　経営の目的に土地を使用する場合
　　　b）革命への貢献者、貧乏な家族世帯、非常に困難な状況である経済・社会地域、境界地域、島に住む少数民族の家族世
　　　　帯、個人に対する住宅・居住地政策を実施し、住宅に関する法令によって社会住宅を建設し、人の生命に影響を与える
　　　　危機があるために国家が土地を回収する場合において移動する者に居住地を交付する目的で土地を使用する場合
　　　c）少数民族である家族世帯、個人が農業生産地を使用する場合77
　　　d）公立事業組織の事業工事の建設に土地を使用する場合
　　　e）空港インフラ基盤の建設土地、航空サービスを提供する基礎、工事の建設土地の場合
　　　f）合作社が土地を使用し、事務所、干し庭、倉庫、農業・林業生産、水産物養殖、製塩に直接に使用されるサービス工
　　　　事を建設する場合
　　　g）政府の規定に準拠する他の場合
　　2．政府は本条の詳細を定める。

礎的な準備期間での土地リース料の免除は、国家から新しく土地のリースを受けたプロジェクト、使用料を免除された土地割当からリースに変更となったプロジェクトのみに適用される。既にリースを受けている土地に新たに施設を拡張・建設する場合や植林などを行う場合には適用されない。

　基礎的な建設の期間の土地賃料の免除後については、2014年5月15日付の政令第46/2014/NĐ-CP号の19条2項[18]で規定されている。

　それに加え、2019年には政府は土地分野における行政違反の制裁に関する政令第91/2019/NĐ-CPを発行した。この政令は、土地の分野における国家管理の役割を強化し、急速な都市化を伴う地方での一般的な土地に関連する違反の状況を修正するものである。

　政令91号でもう1つの注目すべき点は、多くの是正措置の追加であり、国によって割り当てられ、リースされ、又は公認された目的に従って土地の使用を強制することである。目的違反について制裁措置が課されているにもかかわらず、土地が目的に従って使用されない場合、政府は当該土地を回収することができる。

（4）課税に関する政策

　法人所得税法及びその指針文書によれば、学生、工業地帯の労働者、都市部の低所得者向けの住宅プロジェクトの不動産譲渡は税金を優遇される。ただし、優遇されるのは国から直接リースを受ける組織のみである。

　上記の場合以外は、プロジェクトの投資家は付加価値税と法人所得税が免除又は減額される。賃貸専用の社会住宅の建設への投資の場合、社会住宅に関する現行の税法に従って、付加価値税率と法人所得税率は70％削減される。

18　2014年5月15日付の政令第46/2014/NĐ-CP号の19条
　　期間限定の土地賃料免除：
　　a）投資優遇分野への案件に対し、3年間免除。
　　b）困難な社会・経済的条件を持つ地域への投資案件に対し、7年間免除。
　　c）特別に困難な社会・経済的条件を持つ地域における投資案件、投資特別優遇分野への投資案件、困難な社会・経済的条件を持つ地域における投資優遇分野への案件に対し、11年間免除。
　　d）特別に困難な社会・経済的条件を持つ地域における投資優遇分野への投資案件、困難な社会・経済的条件を持つ地域における投資特別優遇分野への投資案件に対し、15年間免除。

（5）金融に関する政策

　企業が低所得者への住宅提供を奨励するため、政府は優遇金融政策を採用したが、その運用は、決議第1号／NQ-CPにより厳格に管理されている。

　さらに、不動産市場に最も影響を与える政策は、通達No.22/2019/TT-NHNN（2020年1月から施行）であり、不動産市場への金融を徐々に制限するための方策を示し、不動産、不動産に関連する消費者への金融を管理している。2022年までの3段階の進路により、中長期ローンに使用される短期資金の最大は、現在の40%から2020年10月に37%、2022年には30%に減少する。

（6）土地価格に関する政策

　政府は不動産価格政策による規制を行い、不動産市場が安定的かつ持続的に発展するのを支援し、投機や不当な価格の上昇を防いできた。政府は、不動産市場に関する活動の基礎として、政令96/2019/NĐ-CP号[19]において、土地の各種類、場所ごとの価格表、価格枠を規定している。この政令によると、地方人民委員会は現地の事情に応じて地価表の最高価格を規定することができることになる。ただし、調整後の地価表は、政府が規定した地価帯内の同じタイプの土地の最大価格よりも120%を超えることはできない。

（7）不動産の入札に関する政策

　入札、競売、不動産関連の行政手続が簡潔でわかりやすくなった。

　政令No.25/2020/NĐ-CPは、2020年4月20日から有効となったが、投資家の選定に関する入札法の多くの条項の実施について詳述している。その中で、土地使用の需要があり、既に賠償、立ち退きの提案を行った投資家を選択するための手順に直接関連する多くの新しい規制がある。

　政令No.25の新しい規制は、賠償や立ち退きが迅速に行われるよう支援するだけでなく、入札手続を完了したプロジェクトが予定通りに構築され、ビジネス全体の経済的損失を最小限に抑えている。

19　2020年から2024年までの価格帯に関する政令96/2019/NĐ-CP号

　政令No.25により、入札・土地の割当、土地リース、プロジェクト実施の難問を解決できたといわれている。しかし、行政手続にはまだ問題があり、特に入札に成功した後の投資家への土地の割当に関する手続が挙げられる。したがって、プロジェクトが早めに展開できるように、行政手続の問題を取り除く方針を作ることが期待される。

（8）COVID-19流行におけるいくつかの新しい政策

　2020年は、世界全体がCOVID-19流行の影響を強く受けた。多くの困難に直面しているにもかかわらず、一連の新しい効果的な政策によりこれらの困難が解消されれば、ベトナムの不動産市場は安定的かつ持続的に発展すると予想される。COVID-19流行の発生当時から、ベトナム政府は経済界を支援するための政策に関連する多くの文書を発行した。例えば、指令No.11/CT-TTg[20]、政令No.41/NĐ-CP[21]などの経済的支援パッケージを実施している。それは各企業を支援するための300兆VNDの金融パッケージ、社会住宅の信用に関する優遇政策を実施するための3兆VNDのパッケージである。

　そのため、現在まで、多くの企業が規制に従って地代を延長・削減する政策を享受してきた。税金については、税務当局は、VAT及び法人所得税を政府が設定したスケジュールに従って緩和するように実施している。納税期限について、VATは2020年4月から9月に延長され、法人所得税は2020年6月から12月に延長された。

　これらはすべて、COVID-19流行に直面したベトナム政府の迅速な決定であると考えられており、直ちに発効した多くの文書も含まれる。付加価値税、法人所得税、個人所得税の支払期限、及び支払困難を最小限に抑えるための不動産事業や世帯及び個人を含む企業へ土地賃料をサポートするという政策である。

　政府の決定に基づいて、企業のための税及び土地賃貸延長の政策に加えて、ベトナム国家銀行は、2020年3月17日以降、運用金利を引き下げることを決定

20　Covid-19の流行に対処するための社会保障の確保生産・経営の困難を取り除くための緊急課題と解決策に関する2020年3月4日付けの指令No.11/CT-TTg

21　納税と土地賃貸の期限延長を規定する法令No.41/NĐ-CP

し、銀行の短期VNDローンの上限金利は年6％から年5％に引き下げられ、借り換え率は年6％から年5％に引き下げられ、再割引は年利年4％から年3.5％に引き下げられた[22]。

　上記の政策は、多くの企業にチャンスを与え、将来のベトナムの不動産市場の力強い発展の大きな前提となることが期待できる。なぜなら、これらは投資家や不動産事業を営む企業がバランスの取れた安定した発展のために問題を解決するための重要な政策だからである。

　具体的かつ明確な法的枠組みにより、これは外国の投資家がベトナムの不動産に投資する絶好の機会と考えられる。

22　借り換え金利、再割引金利、銀行間電子決済における夜間貸出金利、及び資本不足を相殺するための貸付に関するものベトナム国家銀行の銀行への支払いの清算を規定する2020年3月16日付けの決定No.418/QĐ-NHNN

ベトナムの不動産に関連する諸法令

7.1 土地に関する諸法令

No.	法　令　名
1	土地法（No. 45/2013/QH13）
2	土地法の一部を実施するための細則を規定する2014年5月15日の政府による政令No. 43/2014/NĐ-CP
3	土地価格に関する2014年5月15日の政府による政令No. 44/2014/NĐ-CP
4	土地使用料の徴収に関する2014年5月15日の政府による政令No.45/2014/NĐ-CP
5	土地賃料、水面賃料の徴収に関する2014年5月15日の政府による政令No. 46/2014/NĐ-CP
6	国家による土地回収の賠償、支援及び再定住に関する2014年5月15日の政府による法令No. 47-2014/NĐ-CP。
7	土地使用料、土地賃料、水面賃料の徴収を規定する政令を修正する2016年9月9日の政府による政令No. 135/2016/NĐ-CP
8	地籍調査書類に関する2014年5月19日の天然資源環境省による通達No.24/2014/TT-BTNMT
9	地籍図に関する2014年5月19日の天然資源環境省による通達No. 25/2014/TT-BTNMT
10	土地移転書類、土地賃貸書類、土地使用目的変更書類、土地回収書類に関する2014年6月2日の天然資源環境省による通達30/2014/TT-BTNMT
11	土地使用料についての政令No. 45/2014/NĐ-CPを案内する2014年6月16日の財務省による通達No. 76/2014/TT-BTC
12	土地使用料、水面賃料の徴収についての政令No. 46/2014/NĐ-CPを案内する通達No. 77/2014/TT-BTC

13	土地情報システムの構築、管理及び使用に関する2014年6月30日の天然資源環境省による政令No. 34/2014/TT-BTNMT
14	土地調査・査定に関する2014年6月3日の天然資源環境省による政令No. 35/2014/TT-BTNMT
15	土地の価格決定方法、土地価格表の作成・調整、特定の土地価格確定及びそのアドバイスを規定する2014年6月30日の天然資源環境省による政令No. 36/014/TT-BTNMT
16	国家による土地回収の賠償、支援、及び再定住の詳細規制に関する2014年6月30日の天然資源環境省による政令No.37/2014/TT-BTNMT
17	土地の調査・評価技術の規定に関する2015年12月15日の天然資源環境省による政令No. 60/2015/TT-BTNMT
18	土地情報データベースの技術に関する2015年12月18日の天然資源環境省による政令No.75/2015/TT-BTNMT
19	土地使用料、水面賃料の徴収についての政令No. 46/2014/NĐ-CPを案内する通達No. 77/2014/TT-BTCを修正する2016年12月26日の財務省による政令No.333/2016/TT-BTC
20	国家の土地回収における土地利用権、土地賃料、土地に取り付けられた構造物の価値の確定；国家の土地回収の場合における国家からの賠償金額、及び賠償金額がない場合の国家からの援助額の使用を案内する2017年8月2日の財務省による政令No. 80/2017/TT-BTC
21	土地法のガイドラインとなるいくつかの政令及び通達を修正する政令No. 01/2017/NĐ-CPへの案内を規定する2017年9月9日の天然資源環境省による政令No. 33/2017/TT-BTNMT
22	土地使用料の徴収がある土地を譲渡/賃貸するための土地競売組織についての2015年4月4日の天然資源環境省・司法省による省庁間通達No. 14/2015/TTLT-BTNMT-BTP
23	土地使用者の土地に関する財務を確定する書類の受領、移転を規定する2016年6月22日の天然資源環境省・財務省による省庁間通達No.88/2016/TTLT/BTC-BTNMT
24	土地使用権、住宅及び土地に取り付けられた構造物の所有権の証明書についての通達を合一する2019年9月12日の天然資源・環境省による合一文書No. 01/VBHN-BTNMT

25	土地移転書類、土地賃貸書類、土地使用目的変更書類、土地回収書類を規定する通達を合一する2019年9月12日の天然資源環境省による合一文書 No. 04/VBHN-BTNMT

7.2　　　　　　　　　　　　　　　　　　不動産業に関する諸法令

No.	政　令　名
1	2015年7月1日の国会による不動産事業法No. 66/2014/QH13
2	2020年6月17日の国会による投資法No.61/2020/QH14
3	2015年9月10日の政府による不動産事業法のガイドラインとなる政令 No.76/2015/NĐ-CP
4	2018年7月16日の政府による建設省の国家管理分野における投資事業条件に関する規定の一部を修正、補足する政令 100/2018/NĐ-CP
5	建設投資活動；建設材料としての鉱産物の採掘・加工・経営；建設材料の生産・経営；技術インフラ工事の管理；不動産経営；住宅の開発；住宅及びオフィスの管理・利用に関する行政違反処罰を規定する政令 No. 139/2017/NĐ-CP
6	住宅及び不動産市場情報システムの構築、管理及び使用に関する2015年11月12日の政府による政令No. 117/2015/NĐ-CP
7	建設投資活動；建設材料としての鉱産物の採掘・加工・経営；建設材料の生産・経営；技術インフラ工事の管理；不動産経営；住宅の開発；住宅及びオフィスの管理・利用に関する行政違反処罰を規定する政令 No. 139/2017/NĐ- CPのガイドラインとなる通達No. 03/2018/TT-BXD
8	2015年6月25日付けベトナム国家銀行総裁による銀行保証状を規定する通達No. 07/2015/TT-NHNNの一部を修正、補足する通達 No.13/2017/TT-NHNN
9	不動産仲介業者の資格認定証発行；不動産仲介業務のトレーニング・育成のガイドライン；不動産取引所の運営；不動産取引所の設立及び活動運営を規定する2016年12月20日の建設省による合一文書No.04/VBHN-BXD

10	マンションの運営管理業務及び専門知識のトレーニング、育成に関する2015年12月30日の通知No. 10/2015/TT-BXDの一部；不動産仲介業者の資格認定証発行；不動産仲介業務のトレーニング・育成のガイドライン；不動産取引所の運営；不動産取引所の設立及び活動運営を規定する通知No. 11/2015/TT-BXD 及び建設省大臣による2016年2月15日の通達No.02/2016/TT-BXDに添付されるマンションの管理・使用の規制の一部を修正、補足する2016年12月15日の通知No. 28/2016/TT-BXD
11	住宅及び不動産市場情報システムの構築、管理及び使用に関する政令No. 117/2015/ND-CPの一部を規定する2016年12月15日の産業貿易省による通知No. 27/2016/TT-BXD
12	建設省によって発行された投資事業条件を規定する法的文書の一部/全部の廃止に関する2016年7月1日の建設省による通知No. 23/2016/TT-BXD
13	不動産仲介業者の資格認定証発行；不動産仲介業務のトレーニング・育成のガイドライン；不動産取引所の運営；不動産取引所の設立及び活動運営を規定する2015年12月30日の建設省による通知No. 11/2015/TT-BXD
14	マンションの運営管理業務及び専門知識のトレーニング、育成に関する2015年12月30日の建設省による通知No. 10/2015/TT-BXD
15	銀行保証状を規定する2015年6月25日の国家銀行による通達No. 07/2015/TT-NHNN
16	建設省の国家管理分野における行政手続きの簡素化に関する2009年9月28日の政府による議決No.55/NQ-CP
17	不動産事業法の施行ガイドライン文書の公布に関する2009年9月28日の建設省による報告書No. 69/BC_BXD

7.3　　　　　　　　　　　　　　　　　　　住宅に関する諸法令

No.	法 令 名
1	住宅法を合一する合一文書 2019年7月4日の国会事務局による合一文書No.09/VBHN-VPQH
2	2014年11月25日の国会による住宅法（No.65/2014/QH13）

3	住宅法の一部に対する詳細規定及びガイドラインとなる2015年10月20日の政府による政令No.99/2015/-NĐ-CPの一部への修正、補足に関する2019年03月28日の政府による政令No.30/2019/NĐ-CP
4	登録手数料に関する2016年10月10日の政府による政令No.140/2016/NĐ-CP
5	住宅及び不動産市場情報システムの構築、管理及び使用に関する政令No.117/2015/NĐ-CP
6	マンションの改修、再建に関する2015年10月20日の政府による政令No.101/2015/NĐ-CP
7	ソーシャルハウジングの管理、発展に関する2015年10月20日の政府による政令No. 100/2015/NĐ-CP
8	住宅法の細則を規定する2015年10月20日の政府による政令No.99/2015/NĐ-CP
9	建設工事の品質管理・メンテナンスに関する2015年5月12日の政府による政令No.46/2015/NĐ-CP
10	建設業の査察の組織、活動に関する2013年3月29日の政府による政令No.26/2013/NĐ-CP
11	マンションの管理使用に関する諸通達の一部を修正、補足する2019年10月31日の建設省による通達No.06/2019/TT-BXD
12	マンションの分類及び認識に関する2016年12月30日の建設省による通達No.31/2016/TT-BXD
13	マンションに関する諸通達の一部を修正する2016年12月15日の建設省による通達No.28/2016/TT-BXD
14	土地使用料、土地賃料免除；ソーシャルハウジングの建設に投資する投資家への返却／控除；購入者、買受特約付き賃貸者がソーシャルハウジングを再販できる場合における支払わなければならない土地使用料の決定方法を案内する2016年9月16日の財務省による通達No. 139/2016/TT-BTC
15	住宅法及び住宅法を案内する2015年10月20日の政令No.99/2015/NĐ-CPのガイドラインとなる2016年6月30日の建設省による通達No.19/2016/TT-BXD
16	マンションの改修、再建に関する2015年10月20日の政府による政令No.101/2015/NĐ-CPの一部の実施を案内する2016年6月30日の建設省による通達No.21/2016/TT-BXD

17	ソーシャルハウジングの管理、発展に関する2015年10月20日の政府による政令No. 100/2015/ND-CPの一部の実施を案内する2016年6月30日の建設省による通達No. 20/2016/TT-BXD
18	マンションの管理使用規制の発行に関する2016年2月15日の建設省による通達No. 02/2016/TT-BXD
19	住宅・将来形成住宅の建設投資プロジェクトである財産を抵当、担保解除の手続を案内する2015年12月09日のベトナム国家銀行による通達No. 26/2015/TT-NHNN
20	ソーシャルハウジング政策を実施するための優先融資のガイドラインとなる2015年12月9日のベトナム国家銀行による通達No. 25/2015/TT-NHNN
21	個々住宅の建設、保守に関する品質管理規則に関する2015年10月30日の建設省による通達No. 05/2015/TT-BXD
22	マンションのサービス価格の決定・管理方法を案内する2009年12月1日の建設省による通達No.37/2009/TT-BXD

Ⅱ

不動産に関する
外資規制

1 総　論

（1）不動産事業法の成立

　2006年に初めて不動産事業法ができ、外国人によるベトナムでの不動産への進出に関する法制度が明確化された。2006年以前にも不動産の投資案件は複数あったが、いずれも特別な承認を得ることによりベトナムに進出したケースであった。

　2007年7月1日にベトナムで最初の不動産事業法（63/2006/QH11号）が施行されたときから、外国からベトナムへの不動産分野の投資額が急速に増加している。2008年には、世界経済の影響を受けつつ、ベトナムへの海外直接投資（FDI）の登録金額が717億ドルとなり、2007年の3.4倍に増加した（2013年9月の建設省による不動産事業法の改正に関する提案報告書[1]）。そのうち、不動産分野への投資額は236億ドルであった。これ以降、ベトナム不動産分野への投資が活発化してゆく。2018年12月においてFDI総額のうち不動産事業への投資額は第二位であり、2020年12月には第三位となっている（順位は、第一位：製造・加工、第二位：電力、第三位：不動産）。

　ベトナムが政治的に安定しており、経済成長率が高く、かつ投資環境の改善を不断に行っている等の理由から、外国投資家は、ベトナムでの不動産市場に強い関心を有している。2018年12月までは、ベトナム不動産への投資額が上位の国のうち日本が第一位であったが、2020年12月の計画投資省の統計によれば、第一位がシンガポールで、日本が第二位になっている。

（2）外国投資家による不動産事業への投資状況

　上記Ⅱ1（1）に述べたとおり、ベトナム政府は、外国投資家による不動産事業への投資を歓迎している。その結果、2020年12月20日の建設省の公表資料[2]

1　http://www.vncold.vn/Modules/CMS/Upload/10/TuLieu/131023/ToTrinhChinhPhu_92013.pdf
2　https://moc.gov.vn/vn/tin-tuc/1285/66226/bo-xay-dung-cong-bo-thong-tin-ve-nha-o-va-thi-truong-bat-dong-san-quy-iv2020-va-ca-nam-2020.aspx

によれば、外国投資家によるベトナム不動産への投資状況は、下記の表の通りである。

(単位：10億ドル)

期　間	すべての新規登録、更新の投資額の総額（月間の累計額）	不動産分野への投資総額（月間の累計額）	％
2019年12月 20日まで	38.02	3.88	10.20
2020年6月まで	15.70	1.30	8.20
2020年12月 20日まで	28.53	4.20	14.72
2019年と比較	(9.49)	0.32	4.52

　ベトナム政府、各地方の人民委員会は、外国投資家に対して、不動産分野への投資促進活動に高い関心を有している。しかしながら、不動産は、大きな財産であり、ベトナム経済と密接な関係を有するため、外国投資家による投資を厳格にコントロールする必要がある。その趣旨で、不動産事業（不動産サービス業を含む）は、投資条件付事業・分野として定められる。

　そのため、ベトナムでの不動産への進出を行う前に、当該事業・分野の外資に関する規制や政策等を検討する必要がある。

（3）不動産事業に関する投資規制の規定

　不動産事業を含め、ベトナムへの進出に関する投資規制の検討においては、以下の国際条約や国内法が関連する。

　ⅰ．ベトナムのWTO加盟コミットメント（2007）

　ⅱ．投資の自由化、促進及び保護に関する日本とベトナム社会主義共和国との間の協定（2003）

　ⅲ．日本・ベトナム間の戦略的パートナーシップ協定（2008）

　ⅳ．その他国際条約（環太平洋パートナーシップに関する包括的及び先進的な協定等）

　ⅴ．ベトナム現行投資法（2020）

vi. 投資法の細則及び若干条項の執行指導を規定する2021年3月26日付政令NO.31/2021/NĐ-CP（市場へのアクセス条件の内容）、その他の細則及び若干条項の執行指導を規定する政令や通達等

vii. 専門分野の特別法に関する法令（不動産の場合：不動産事業法、住宅法、建設法、土地法）

ベトナム外資規制の枠組み

（1）ベトナム外資規制の概要

上記 II 1（3）にベトナムに進出する際に必ず確認する必要がある外資規制を規定する各国際条約、法令を述べた。当該各国際条約、法令を確認する順番及び確認の方法は、以下の通りになる。

① 外国投資家に対する市場へのアクセス制限の確認

進出予定の事業は、外国投資家に対する市場へのアクセス制限の事業リストに該当するかどうか（投資法の細則及び若干条項の執行指導を規定する2021年3月26日付政令NO.31/2021/NĐ-CPの別紙NO.1のA）。

※ 外国投資家に対する市場へのアクセス制限の事業リスト（25業）に該当する場合は、原則的にベトナムに進出することができない。

② 外国投資家に対する市場へのアクセス条件の確認

第一に該当しない場合、次に外国投資家に対する市場へのアクセス条件のある事業リストに該当するかどうか（投資法の細則及び若干条項の執行指導を規定する2021年3月26日付政令NO.31/2021/NĐ-CPの別紙NO.1のB）[3]この条件は、外国投資家のみに対する条件となる。

※ 外国投資家に対する市場へのアクセス条件のある事業リスト（59業種）に該当する場合は、ベトナムに進出することができるが、条件を満たす必要がある。

③ 外国投資家に対する条件付投資・経営の事業・分野の確認

進出予定の事業は、ベトナム投資法に定める条件付投資・経営の事業・分野に該当するかどうか（ベトナム現行投資法別紙IV））[1]この条件は、国内外を問わず、事業を開始する前に必ず満たすべき条件である。

※ 投資法に定める条件付投資・経営の事業・分野（227業）に該当する場合は、ベトナムに進出することができるが、条件を満たす必要がある。

---

3 第二の外国投資家に対する市場へのアクセス条件のある事業リストの多くの事業は、このベトナム投資法に定める条件付投資・経営の事業・分野に含まれている。

④　各種条件の詳細確認

　　投資・経営の条件は、国際条約や専門分野の特別法に定めている。サービ
　ス業の場合は、まずベトナムのWTO加盟コミットメントに定める条件を確
　認する必要がある。次に、このコミットメントより、条件の全部若しくは一
　部を免除される可能性のある日越間の条約を確認すべきである。最後に専門
　分野の特別法に定める条件を確認するという流れになる。

（2）外資規制の種類

　上記Ⅱ2（1）に記載する条件（制限）は、以下のいずれか一つ又は複数のも
のになる。

　ⅰ．現地法人における定款資本金の保有率に関する制限

　ⅱ．投資形態に関する制限

　ⅲ．事業活動内容の範囲に関する制限

　ⅳ．投資家の能力（財務的な能力）、経験等の条件

　ⅴ．その他ベトナム法律が求める条件

（3）現地法人における定款資本金の保有率に関する制限

　現地法人における定款資本金の保有率については、大きく4つのパターンに
分けられる。

　すなわち、①100％外資資本を認める（例：IT事業、コンサルティング、不
動産事業、不動産サービス業）、②外資企業の最大保有割合が49％（国内海路の
運航サービス、鉄道サービス、エンターテインメントサービス等）、③合弁企業
における外資企業の保有割合が51％以下（農業、林業サービス等）、④現地法
人の出資割合（下限がない）を求める（広告業等）、というものである。

（4）投資形態に関する制限

　投資の形態については、現行投資法により、①現地拠点の設立、②追加出資・
持分購入・株式購入の投資、③投資プロジェクトの実施、④ＢＣＣ契約に基づ
く投資、及び⑤政府が定める別の投資形態という5つの投資形態が定められる。

そのうち、外国投資家が多く選択する投資形態は、①現地法人の設立及び、②追加出資・持分購入・株式購入による投資である。

①の現地拠点の設立の投資形態については、(ア)現地法人の設立、(イ)支店の設置及び(ウ)駐在員事務所の設置がある。外国投資家がベトナムで行う予定の事業によって、(ア)、(イ)、(ウ)のいずれも選択できるか、若しくはそれらのいずれかの形態のみが許可される。そのうち、(イ)の支店の設置は、かなり限られる事業に許可される。

また、現地法人の設立ができない場合において、④BCC契約に基づく投資を選択するというパターンもよくある。

上記のどの投資形態を選択しても市場へのアクセス条件を満たす必要がある。

(5) 事業活動内容の範囲に関する制限

事業活動内容の範囲に関する制限については、専門分野の特別法に定められている。例えば、貨物レンタル事業は、外国投資家の進出を認めるが、ローカル企業と違って、外資系企業が実施することができる事業範囲がより制限される。

事業活動内容の範囲は、地理的な活動範囲も含む。外国投資家、外資系企業は、国防や治安維持に関係する地域には、原則的に進出することができない。(不動産事業に関しては、同様な条件があるため、詳細については、「3 不動産分野における外資規制」を参照。)

(6) 投資家の能力、経験等の条件

外国投資家の能力（財務的な能力）、経験等に関する条件は、専門分野の特別法に定める条件の他、投資登録証明書（又は、投資登録証明書と同様な証明書）を取得する際に、当局の判断基準として、外国投資家の財務的な能力の証明（外国投資家の直近2年間分の監査済財務諸表、又は財務能力説明文書、若しくは親会社やその他金融機関の財務保証に関する誓約文書等）や、ベトナムで実施する予定の事業に関する外国での実績や経験の証明書類を提出する必要がある。

（7）その他の条件

その他のベトナム法上求められる条件については、専門分野の特別法や、ベトナムで実施する予定の事業を管理する管轄機関が発行する政令、通達等に個別的に定められる。求められる条件は、主に以下のものがある。

  ⅰ．個別ライセンスの取得
  ⅱ．最低の定款資本金、法定資本金
  ⅲ．企業の管理者・専門家・技術者に対する資格
  ⅳ．設備、インフラの整備
  ⅴ．その他の条件

3 # 不動産分野における外資規制

　不動産事業は、ベトナムがWTOに加盟した際のコミットメントに定められていないが、国内の法律により、外国投資家の進出を認めている。しかしながら、上記の通り、不動産事業は条件付投資分野であり、ベトナムでの不動産の使用・所有についても外国人・外国企業に対して制限される。

　不動産分野における主な外資規制は、以下の通りである。

① 　土地の使用権の取得に関する条件

　　外資系企業は、ベトナムでの土地使用権を簡単に取得することができない。ベトナムで住宅建設やオフィス、ショッピングモール等といった建設投資プロジェクト（いわゆる不動産開発投資プロジェクトという）を通じてのみ取得することができる。

② 　住宅の所有に関する条件

　ⅰ．所有できる対象の住宅：商業住宅建築のプロジェクトによる共同住宅又は個別住宅でなければならない。かつ、当該住宅は、治安維持及び国防に関連する地域に属さない地域に所在する必要がある。

　ⅱ．所有できる軒数の条件：外国投資家が所有する住宅が総軒数の30％を超えない（共同住宅の場合）、プロジェクトごとによる個別住宅の総軒数の10％を超えず、最大250軒を超えない（半戸建住宅、個別住宅、別荘を含む個別住宅の場合）。

　ⅲ．所有期間：最大50年間。満了した後、延長することができる。

③ 不動産事業を行う場合の条件

　ⅰ．現地法人の設立が必要である（最低資本金の要求なし）。

　ⅱ．事業範囲は、以下の通りになる。

取引の対象となる不動産	不動産事業の範囲
a．住宅、建物	• 転貸目的のための賃借
b．国家から割り当てられた土地	• 売却、賃貸、買受特約付賃貸を目的とする住宅建設投資
c.国家から賃借する土地	• 賃貸目的とする住宅建設投資 • 売却、賃貸、買受特約付賃貸のための建物建設投資
d．工業団地、工業クラスター、輸出加工区、ハイテクパークにおいて賃借する土地	• 土地使用目的に正しく従った事業を営むための建物建設投資
他の事業内容について e．売却、賃貸、買受特約付賃貸をするための住宅、建物の建設投資を行うため、投資家の不動産プロジェクトの全部又は一部の譲受	

④ 不動産サービス業を行う場合の条件

　ⅰ．まず、前提の条件は、現地法人を設立する必要があるということである。

　ⅱ．また、不動産仲介サービスを運営する組織・個人は、不動産仲介実務証明書を有する者が少なくとも2人いなければならない。

　ⅲ．不動産取引所を運営する企業は不動産仲介実務証明書を持つ者を少なくとも2名を有さなければならない。また、不動産取引所の管理者・運営者は、不動産取引実務証明書を有さなければならない。

　細かい条件については、Ⅲ3土地法（土地の使用権の取得に関する条件）、Ⅲ4住宅法（住宅の所有に関する条件）、Ⅲ5不動産事業法（不動産事業、不動産サービス業に関する条件）に述べるものとする。

不動産に関する法制度

1 総 論

　不動産市場は、ベトナムの経済発展において最も重要な要素である。そのため、不動産及び不動産取引に関する法整備も重視されている。現時点において、不動産及び不動産取引について定める法律は、基本的に①民法、②土地法、③住宅法、④不動産事業法、⑤投資法、⑥税法、⑦民事訴訟法である。

（1）民法の規定

　ベトナムの現行民法は、不動産及び不動産取引について、以下の内容を定めている。

- ⅰ．不動産の概念
- ⅱ．不動産に対する所有権
- ⅲ．不動産に対するその他の権利
- ⅳ．不動産に対する担保措置、担保設定
- ⅴ．不動産に関する典型的な契約

（2）土地法の規定

　不動産及び不動産取引に関して定める法律の中で、最も重要となるのは、土地法である。現行の土地法は、以下の内容を定めている。

- ⅰ．土地に関する基本的な原則
- ⅱ．土地に対する国の権利及び責任
- ⅲ．土地使用企画、計画
- ⅳ．土地の割当、賃貸、使用目的の変更
- ⅴ．土地の回収、賠償、補助、再定住
- ⅵ．土地使用権及び土地上附属住宅・建物の登記制度、所有権証明書の発行
- ⅶ．土地に関する財政、価格、土地使用権の入札
- ⅷ．土地種類ごとの使用制度

ix．土地に関する行政的な手続

x．土地に関する監督、監査、紛争・不服申立・告訴告発の解決及び土地関
連法令違反の処理

（3）住宅法の規定

住宅法は、主に以下の内容を定めている。

i．住宅の所有

ii．住宅の開発

iii．社会福祉住宅に関する政策

iv．住宅の管理、使用

v．住宅マンションの管理、使用

vi．住宅に関する取引

vii．外国組織、外国人によるベトナムでの住宅所有

viii．住宅に関する情報及びデータベース

ix．住宅に対する国家管理

x．住宅に関する紛争・不服申立・告訴告発の解決及び法律違反の処理

（4）不動産事業法の規定

不動産事業法は、主に以下の内容を定めている。

i．既存不動産の不動産事業

ii．将来形成不動産の不動産事業

iii．不動産サービス業

iv．不動産に関する国家管理

⑤投資法、⑥税法、⑦民事訴訟法のそれぞれは、IV、IX及びVIIで述べるもの
とする。

（5）まとめ

上記の通り、不動産及び不動産取引に関して、様々な法律並びに法律の細則
である政令や通達により法整備が行われてきた。しかし、法令の整備状況は未

だ不十分であり、極めて頻繁に法令の改正が行われている。このため、不動産関係法務の安全性は低いといわれている。また、急速に不動産市場が変化する状況において、法制度が十分に対応していないことも問題となっている。例えば、コンドテルなど純粋な住宅建物ではなく、複数の目的を持つ物件が新たに生み出されたが、これらの不動産について十分な法制度が未だ整備されていない。

さらに、不動産及び不動産取引を定める法律、政令、通達の数が極めて多く（Ⅰ7参照）、それぞれの法律、法令文書を作成し、管轄する国家機関が異なるため、規定間の矛盾や重複の状況が続いている。

本章においては、ベトナムの民法、土地法、住宅法、不動産事業法に定める外国的要素を持つ不動産、不動産事業、不動産取引に関する規定を解説する。そのため、各法律に定めるすべての条項、法制度を解説するのではなく、外国人、外国事業者、外国企業に関連する条項のみを述べるものとする。

2 民 法

2.1　　　　　　　　　　　　　　　　　　　　　　　売買契約

（1）概　要

　III 1 総論に述べたように、不動産を対象にする各取引は、民法、土地法、住宅法並びに不動産事業法等に定められている。その中で民法においては、不動産に関する取引について特別な規制がない一方、基本的な財産に関する規定が定められている。

　この III 2 では、民法に規定された不動産に係る取引と緊密な関係がある 2 つの内容を中心に紹介する。すなわち、①財産売買契約及び②財産賃貸借契約である。なお、本項で使われる「財産」という文言は、不動産を含む意味で用いられる。

（2）民法上の売買契約とは

　財産売買契約とは、2015 年の民法により、「売主が買主に財産の所有権を移転し、買主が金員を支払う旨の各当事者間の合意である。」と規定される。その中で、財産売買契約の重要な要素は、財産所有権を移転することである。本章では、財産売買契約における重要なポイントに絞って紹介する。詳細は下記の通りである。

　　ⅰ．財産売買契約の対象
　　ⅱ．売買される財産の品質
　　ⅲ．価格及び支払方法
　　ⅳ．所有権の移転時期
　　ⅴ．危険の移転時期

（3）財産売買契約の対象

　売買契約の対象は、市民関係において売買取引が許可された動産、不動産又は財産権等を含む全ての財産で、かつ以下の条件を満たす必要がある。

　ⅰ．財産の譲渡が禁止又は制限される場合においては、売買契約の対象である財産は当該各規定に適合しなければならない。

　ⅱ．財産は売主に所有権が帰属するか売却権を有するものである。

（4）売買財産の品質

　売買財産の品質については、各当事者は自由に合意できるが、その品質は、開示された品質基準又は権限を有する国家機関による品質基準（あれば）を下回ってはならない。

　売買財産の品質に関して、各当事者の間において合意がない又は明確な合意がない場合は、売買財産の品質は開示された品質基準、権限を有する国家機関による品質基準又は事業基準に従うものとする。それらの基準がなければ、売買財産の品質は、通常の基準又は固有の基準によって、又は消費者権利保護法の規定に基づき確定される。

（5）価格及び支払方法

　価格は、売買契約において最も重要な条項である。そのため、民法において、価格及び支払方法は各当事者の間で直接に合意される、又は各当事者の要求に応じて第三者を通じて合意されることが規定されている。

　価格や支払方法について権限を有する国家機関の規定に従う必要があるという法律の規定がある場合において、各当事者の合意はそれらの規定に従わなければならない。

　具体的に、価格について当事者の合意は、以下の場合において制限される。

　ⅰ．政府が、既にその財産に対する価格枠を規定している場合、各当事者は当該の価格枠の範囲内で合意しなければならない。例えば、権限を有する人民委員会が土地使用権を競売する場合、当該の土地使用権の譲渡価格は、県級人民委員会が定めた価格枠より低い価格で行うことができない。

ⅱ．いくつかの特定の財産が売買される際、値段は権限を有する国家機関により確定される。例えば、国家予算による社会住宅の購入金額は、社会住宅のプロジェクトが所在する県級人民委員会により決められる。

（6）所有権の移転時期

各当事者による別段の合意がない、若しくは法律の別段の規定がない場合には、以下のとおりである。

ⅰ．所有権を登記する必要がない売買財産である場合には、売買財産の所有権は、買主が当該財産を授受する時点で移転する。

ⅱ．法律の定めにより、所有権を登記しなければならない売買財産である場合には、所有権は、財産の財産所有権登記を完了した時点で買主に移転する。

（7）所有権の譲渡に関するコスト及び関連費用

ベトナムの民法は、各当事者の合意を尊重するため、各当事者は、所有権の譲渡から生じるコスト及び関連費用について自由に合意することができると規定する。

各当事者は、合意がない又は明確な合意がない場合は、それらの費用は開示された費用、権限を有する国家機関の規定又は事業基準によって確定される。確定する法の根拠がない場合、譲渡コスト及び関連費用は通常の基準又は契約締結の目的に合致する特定の規準に基づいて確定される。

所有権の譲渡によるコスト及び関連費用を支払う主体については下記の通り確定される。

ⅰ．各当事者の合意がある場合には、各当事者の合意の通りに実施される。

ⅱ．各当事者の合意がない、及び法令に輸送費用及び関連費用についての規定がない場合には、売主はそれらの費用を負担することになる。特別法に別段の規定があれば、その規定が優先して適用される。例えば、住宅及び土地使用権の名義の変更において、各当事者において合意がない場合、住宅・土地についての法令によって、買主は名義変更手続の費用を支払わな

ければならない等の規定が挙げられる。

（8）危険の移転時期

　民法の基本的な原則によると、財産の所有者は、自己の財産から生じた損害及び危険を負担しなければならない。したがって、財産の種類ごとに所有権が移転する時期により、売買契約における各財産の危険移転の時期が異なる。

　ⅰ．登記する必要がない財産について、売主は、財産を買主に引き渡す前は、財産に対する危険を負担しなければならず、買主は、財産を受け取った時点から財産に対する危険を負担しなければならない。ただし、両当事者に別段の合意がある場合又は法律の別段規定がある場合を除く。

　ⅱ．登記しなければならない財産について、危険を負担する責任は、財産所有権登記手続が完了した時点によって決められる。すなわち、売主は登記手続を完了する時まで危険を負担する、及び買主は登記手続を完了した時点以降危険を負担する。ただし、当事者で別段の合意がある場合を除く。

2.2　　　　　　　　　　　　　　　　　　　　　　　　　　賃貸借契約

　財産の賃貸借契約は、賃貸人と賃借人との間の合意により、賃貸人が賃借人に対して賃貸財産を一定の期間に使用するために引き渡し、賃借人が賃貸人に対して賃料を支払うものである。売買契約と異なり、賃貸借契約は、財産の所有権を移転せず、単に一定の期間を限定して財産の使用権を許諾するのみである。

（1）賃　料

　賃貸借契約において、「賃料」に関する条項が最も重要な条項である。財産賃料は通常、1㎡当たりの賃料の単価に賃料全面積を掛けた金額若しくは全面積の賃料に賃貸期間を掛けた金額になる。賃料は、法令に別段の定めがある場合を除き、当事者間の合意又は当事者が依頼する第三者により決定される。当事者の間に合意がない場合、又は合意があっても明確ではない場合には、賃料は、

賃貸借契約を締結する場所及び時点における市場価格に基づき確定されるものとする。

（2）賃借期間

　賃借期間とは、賃借人が財産賃貸借契約による合意された目的に従って財産を使用できる期間である。賃借期間は、当事者間の合意により確定される。当事者間で合意がない場合、賃借期間は賃借目的により確定される。つまり、賃借期間は、賃借人が自分の賃借目的を達成した時点で終了する。

　しかし、当事者間で合意がなく、賃借期間が賃借目的により確定できない場合には、法令により、いずれかの当事者は、いつでも賃貸借契約を終了することができる。ただし、終了させる当事者は、相手方の当事者に対して適当な期間で事前に通知しなければならない。適当な期間とは、賃借人が賃貸人に財産を引き渡すまでに、問題や損害を発生させないよう準備しうる期間を意味する。

（3）サブリース

　賃借人は、賃貸人の合意がある場合には、賃借した財産のサブリースを行うことができる。したがって、最初の賃貸人との同意に基づき、賃借人と第三者が、サブリース契約を締結することができる。その場合には、財産賃貸借契約における賃借人はサブリース契約のサブ賃貸人になる。

　ベトナム民法には、財産のサブリースに関する別段の規定がない。したがって、サブリースの場合においても、一般賃貸借と同様に、本章に述べる賃貸借関係の民法規定を適用するとことができると解釈される。

（4）賃貸借財産の引渡

　賃貸人は、賃借人に対して合意された十分な数量、品質、種類、状態、時点、場所で財産を引き渡し、その財産の使用に必要な情報を提供しなければならない。財産の引き渡しが遅延した場合、賃借人は、財産引き渡しの期間を延長するか、契約を解約し、損害賠償を要求するかの主張ができる。賃貸借財産の品質が合意した基準を満たさない場合、賃借人は賃貸人に対して、修理して賃料

を割り引くか、契約を解約して損害賠償するか、いずれかの請求ができる。

（5）賃貸借財産の使用価値の保証

賃貸人は、合意内容に沿って賃貸借期間中に賃貸借目的に合う賃貸借財産を保証し、かつ賃借人が自分で修理しなければならない小さな故障を除き、賃貸借財産の故障、欠陥を修理しなければならない。民事法令は、財産を賃貸する権利を認めると共に、賃貸人に対して賃貸借財産の使用価値を保証する義務を負わせる。

賃借人の過失なくして賃貸借財産の価値が減少する場合、賃借人は、賃貸人に対して以下の手段のいずれか一つ又は複数を履行するよう請求する権利がある。

　ⅰ．財産の修理

　ⅱ．賃料の減額

　ⅲ．賃貸借財産に欠陥があるが賃借人がそれを知らない場合又は賃貸借財産を修理できないため、賃貸借目的が達成できない場合には、別の財産への交換又は契約履行を一方的に終了させ、損害賠償を要求する。

賃貸人が通知を受けたが修理せず又は遅滞なく修理しない場合には、直ちに修理されないことにより財産の価値が著しく減少し、財産の機能を使用できなくなることを防ぐために、民事法令は、賃借人自身で賃貸借財産を修理することができると定めている。

また、財産の修理は、修理費用が合理的であり、かつ、賃借人が賃貸人に対して修理を通知することが必要である。この場合、賃借人は、賃貸人に対して修理費用の弁済を請求できる。

（6）賃貸借財産の保管義務

民法規定により、賃借人は、賃貸借財産を保管する義務がある。その義務は、賃借人が賃貸借財産を占有し、使用する期間において存続する。この規定は、賃貸借期間が終了した場合にも、賃貸借財産の基本的な機能や最初の価値を保持するために設けられている。

　賃借人は、賃貸借財産の保管義務を履行する際の具体的内容は次の通りである。

　　ⅰ．財産のメンテナンス

　　ⅱ．小さな故障の修理（賃貸借財産の故障が小さな故障か否かは相対的な判断である。したがって、当事者は「小さな故障」が何を意味するか交渉の余地がある）

　賃借人が賃貸借財産の保管義務を履行しない理由により賃貸借財産が故障し、遺失した場合には、損害賠償の責任が発生する。損害額、賠償手続は、損害賠償に関する法令の規定に従う。賃貸借財産を使用する過程において、自然に減耗した場合には、賃借人は損害賠償の義務を負わない。

　また、賃貸人が同意する場合、賃借人が賃貸借財産の修理によりその財産価値を増加させた場合、賃借人は、賃貸人に対して合理的な費用の返還を請求する権利がある。

（7）賃貸借財産の返還

　契約期間の終了時、賃借人は、賃貸人に財産を返還しなければならない。返還に際しては、以下の内容を遵守しなければならない。

　　ⅰ．返還時の財産状態：財産の遺失、故障、財産引渡時点と比した使用価値の減少（自然な減耗を除く）を防止しなければならない。

　　ⅱ．賃貸借財産の価値が減少した場合の法的効果：自然な減耗を除き、賃貸人は損害賠償を請求する権利がある。

　　ⅲ．賃貸借財産の返還が遅延した場合：賃貸借財産の返還が遅延した場合には、賃貸人は、賃借人に対して賃貸借財産の返還、返還が遅延した期間に生じた賃料の払い、損害賠償を請求する権利がある。当事者の間に合意があった場合には、賃借人は、返還遅延の賠償金を賃貸人に対して払わなければならない。しかし、賃貸借財産の返還遅延が客観的な理由又は不可抗力により生じた場合、賃借人は、返還の遅延期間における賃料の支払いや損害を賠償する義務がない。

　　また、賃借人は、返還が遅延した期間において、財産に対して発生した

リスクに対して責任を負わなければならない。原則的に、賃貸人は、財産の所有者として、賃貸借期間における故障や破壊など財産のリスクに対して責任を負わなければならない。しかし、賃借人が期限通りに財産を返還しないことが賃借人の過失から発生した場合、賃借人は、賃借財産の故障や破壊のリスクを負い、賃貸人に損害を賠償しなければならない。

3 土地法

3.1   土地法の概要

（1）土地の所有権と使用権

　土地法第4条によると、ベトナムの土地は、全国民の所有に属し、国家が所有者の代表としてそれを統一し管理する。国家は、本法の規定に従って土地使用者に土地使用権を交付する。つまり、個人や事業体、その他の組織が、土地を所有していないため、現在使用し、売買・譲渡・交換等といった取引をしている対象物は、土地自体ではなく、国から交付された土地使用権になる。

　国家が個人、事業体、組織に土地使用権を交付する方法として、以下の3つのパターンがある。

　ⅰ．土地使用権の割当（有料若しくは無料）

　ⅱ．土地使用権のリース（賃料一括払い若しくは賃料年払い）

　ⅲ．土地使用権の公認

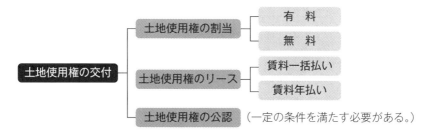

（2）土地に関する全国民の代表である国家の権利

　国家は、土地の所有者の代表として、以下の通りに様々な権限を有する。

　ⅰ．土地使用企画、土地使用計画を決定する。

　ⅱ．土地の使用目的を決定する。

　ⅲ．土地使用の限度、土地使用期間を規定する。

iv. 土地の回収、徴用を決定する。

v. 土地価格を決定する。

vi. 土地使用者への土地使用権の交付を決定する。

vii. 土地に関する財政政策を決定する。

viii. 土地使用者の権限及び義務を規定する。

　上記の内、外資企業を含むベトナムでの土地使用者が一番懸念するのは、国による土地の回収に関する権限である。

　①国防・安寧の目的、国家利益・公益を目指す経済・社会開発のため、②土地に関連する法令の違反行為の存在、③法令に基づく土地使用の終了、随意での土地の返還、人の生命に影響を与える危険の存在などの場合において、国が土地を回収することができる。

　一方、外国投資家がベトナムで投資プロジェクトを実施する場合に、ベトナム政府は、当該プロジェクトがベトナムの社会・経済に貢献すると判断すれば、この土地の回収権限を行使して、外国投資家のために土地使用権を交付することができる。

（3）土地の管理機関

　国家は、土地の所有者の代表として上記の権限を行使すると共に、土地を管理する義務がある。土地の管理は、中央政府及び地方政府において、管理機関を設置し、統一して管理する。土地の管理機関は、行政レベル及び政府から与えられた権限に応じて、土地に関するデータベースを保有しているため、ベトナムでの土地の状況等の情報を確認する必要がある際に、以下の各管理機関に問い合わせをすることが可能である。

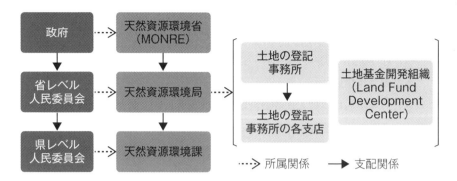

① 政　府

　政府は、全国規模で土地を統一管理する。天然資源環境省は、政府の代表機関として、土地の統一管理について政府に対して責任を負う。

② 省人民委員会

　省人民委員会は、省レベルにおける土地を管理する責任を負う。具体的に、以下の権限がある。

　ⅰ．土地価格表、土地価格の調整係数、賃料価格を計算するための割合（%）、地下のインフラ建設用の土地・水面を使用する土地の使用料、賃料の計算根拠となる具体的な土地の価格、個別のプロジェクトに対する水面の賃料単価についての決定。

　ⅱ．土地を使用するが、土地の賃貸決定文書、土地の賃貸借契約がまだない組織、世帯、個人に対して、土地に関する法的な書類を迅速に完成させるように権限のある機関に指導する。

　ⅲ．省の下のレベルの人民委員会に対して、国家から土地又は水面を賃借した対象者の土地使用に対する検査、監査に関する各種処置の実施、土地及び水面の賃料の収納に関して指導する。

　ⅳ．省人民委員会に所属する専門機関に対して、税務機関と協力し、土地を賃貸する対象者の管理、土地及び水面の賃料の収納を実施するように指導する。

　ⅴ．適用対象の適用間違いや法規定の違反によって、申告賃料の間違いや賃料の間違い免除・減少が発生し、国家や賃料支払者に対して損害を与える

行為に対して、検査し処分するように指導する。

vi. 土地及び水面の賃料の収納に関する上申、告発に関する解決（土地及び水面の賃料の収納に関する2014年5月15日付の政令46/2014/NĐ-CP号の30条）。

③ 天然資源環境局

天然資源環境局は、省人民委員会の代表機関として上記の決定内容に関して立案し、それを人民委員会に提出する他、人民委員会が決定した政策等を実施する役割を有する。

④ 土地の登記事務所

土地の登記事務所は、省レベル人民委員会の決定に基づき、天然資源環境局に所属する機関である。

土地の登記事務所は、土地及び土地上の財産の登記、土地使用権、住宅及び土地に付着するその他の財産の所有権に関する権利証明書（以下、「土地使用権証明書」という。）の発行、土地に関する書類・土地に関するデータベースの構築・管理・更新、測定・整理の実施、情報開示を申請した機関・組織への土地の情報の提供、その他のサービスの提供を行う。

土地の登記事務所は、省に所属する区、県、市、都に土地の登記事務所の支店を設置する。土地の登記事務所の支店は、土地の登記事務所の権限、任務を遂行する。

⑤ 土地基金開発組織

土地基金開発組織は、公的な機関であり、土地基金の設立・開発・管理・発展、土地の賠償・補助・再居住、組織・世帯・個人からの土地使用権の譲受、土地使用権の入札に関する組織及びその他のサービスの提供に関する機能を有する。

⑥ 県レベル人民委員会及び天然資源環境課

県レベル人民委員会及びそれに所属する天然資源環境課は、県範囲の土地を管理し、省人民委員会が割り当てた権限を行使する。

（4）土地の分類

土地の種類については、①農地、②非農地、及び③使用目的が未確定の土地

の三種類に分類される。その内訳は、土地法10条に定められている。

外資系企業は、以下の種類の土地使用権を投資プロジェクト実施のために取得することができる。また、外資系企業には、外資100%の企業、合弁企業、投資法に基づき外国投資家が株・持分を購入した既存の企業が含まれる。

　ⅰ．農　　地

　ⅱ．非農地

　　(ⅰ)　住宅地（マンション建設用の土地に制限される）

　　(ⅱ)　工業団地・小規模工業地・輸出加工区の土地、商業・サービス業用の土地、非農業事業所の土地、鉱業の活動に使用される土地、建設材料生産・統制の土地を含む非農地

　　(ⅲ)　交通工事の土地、水利、公共活動地、公共遊園地・娯楽地、エネルギー工事の土地、市場の土地、廃棄物の捨場・処分場及びその他公共工事を含む公共目的に使用される土地

　　(ⅳ)　河川、運河、泉の土地及び専用水域

　　(ⅴ)　事業所の労働者向けの宿泊所、納屋、簡易宿所の建設に使用される土地、農産物・植物保護剤・肥料・農業機械・工具を保管する倉庫の建設に使用される土地、居住地ではない商売目的を有しないその他の工事の建設に使用される土地を含むその他非農地

3.2　　　　　　　　　　　　　　　　　　　　土地使用企画、土地使用計画

（1）概　要

ベトナムでの土地の使用は、必ず国が公布する土地使用企画に適合する必要がある。社会・経済・国防・安寧の進展状況や発展戦略に基づき、土地の使用がより効果的であるために、国が土地使用企画、土地使用計画を定期的に作成し、公布する。土地使用企画、土地使用計画に適合しない土地の使用に対しては、土地使用企画、土地使用計画に定める土地の使用目的の通りに使用するよう、国が土地を回収することができる。

（2）土地使用企画と土地使用計画とは

　土地使用企画とは、土地の潜在力及び各産業・分野の土地使用の需要に基づき、経済・社会発展、国防、安寧、環境保護及び気候変動に対応するという目標を達成するため、一定の期間において各経済・社会地域ごとに土地を使用目的に応じて区分・区画整理することである。

　一方、土地使用計画とは、土地使用企画に定められた期間内に土地使用企画を実施するために策定される計画であり、土地使用企画の実施期間を分割した期間ごとに計画が策定される。

　つまり、土地使用企画は、土地の使用目的ごとの土地全体の区分で、土地使用計画は、土地使用企画の全期間内の各短期間での実施内容を定めるものである。

（3）土地使用企画と土地使用計画の種類

　土地使用企画、土地使用計画には、以下の種類がある。

土地使用企画			土地使用計画		
種　類	期　間	決定機関	種　類	期　間	決定機関
国家レベル土地使用企画	10年間	国会	国家レベル土地使用計画	5年間	国会
			省レベル土地使用計画		政府首相
県レベル土地使用企画		省人民委員会	県レベル土地使用計画	1年間	省人民委員会
国防用土地使用企画		政府首相	国防用土地使用計画	5年間	政府首相
国防・安寧用土地使用企画		政府首相	国防・安寧用土地使用計画		政府首相

（4）土地使用企画と土地使用計画の確認方法

　土地使用企画は、土地使用企画の決定書及び土地使用企画の図面から構成され、土地使用計画も同様に土地使用計画の決定書及び土地使用計画の図面があ

る。この各決定書及び図面を確認する方法は、以下のホームページを参照のこと。

　国家レベル土地使用企画・計画　http://quyhoachquocgia.mpi.gov.vn/

　省・県レベル土地使用企画・計画　省・県人民委員会のホームページ若しくは専用のホームページ

　　例　ハノイ　http://qhkhsDD.hanoi.gov.vn/

　　　　ホーチミン　https://qhkt.hochiminhcity.gov.vn/

（5）土地使用企画への適合性

　土地使用企画は、経済・社会の発展計画等に沿って、事業や分野ごとのニーズに基づき、土地の種類ごとに分類されるため、土地使用企画を確認することにより、土地の使用状況を把握することができる。

　ただし、土地使用企画に定める土地使用の目的と異なる土地の使用ニーズがある場合においては、土地使用企画の変更手続を行うことができる。例えば、土地使用企画で定められた農地に商業施設を開発するプロジェクトがある場合、当該農地を商業施設用の土地（商業・サービス業用の土地）に変更するとともに、土地使用企画の一部を変更する必要がある。土地使用企画の変更は、最終的に**III 3.2(3)**に述べる決定機関の決定を得なければならない。

　また、土地使用企画は、経済・社会の発展に関する全体の企画に適合していなければならず、したがって、土地使用企画は、上級の土地使用企画に合わせる必要があるため、土地使用企画の変更は簡単ではない。

　外国投資家又は外資系企業は、投資プロジェクトの実施予定地に関して、当該予定地の企画、計画に関する情報を確認する必要がある場合、土地使用企画・計画に関する情報の提供申請手続を通じて、情報を取得することができる。

（6）土地使用企画・計画に関する情報の提供申請手続

　下記の手続は、ハノイ人民委員会が開示する手続に基づくものである。地方によって、手続の流れ、提出書類、処理期間が異なる場合があるため留意が必要である。

管轄機関	天然資源環境局
手続の流れ	
① 申請者 ^(注1)	申請書類の提出（申請書類の一覧は、下記） 申請方法：紙面若しくはオンライン
② 天然資源環境局	申請書類の受理
	申請書類の確認、審査
	確認書の発行
③ 申請者	確認書の受領
申請書類の一覧	
必要部数	一部
必要申請書類	1．申請書（企画、計画の情報を確認する対象土地の位置、面積、申請目的を明記する必要がある） 2．申請者に関する書類：身分証明書（個人の場合）、企業登記証明書又は活動許可証若しくは設立決定書（組織である場合） 3．土地の管理、使用に関する証明書若しくは、投資プロジェクトの投資ライセンス 4．縮尺1/500の土地の位置を提示する図面、現状図面（有する場合） 5．申請者の代理人の委任状及び身分証明書
処理期間	適法な申請書類を受理した日から7営業日 ^(注2)

注1：申請者は、事業者、土地の使用者若しくは国家関連機関である。
注2：この処理期間は、法定期間であり、実際の処理期間は、非常に長期間となる可能性が
　　　高い。

（7）まとめ

　上記の通りに、土地を使用する際に、必ず土地使用企画に適合する必要があるため、土地使用企画、土地使用計画が極めて重要である。また、ベトナムでは、「企画・計画の待ち合わせ」という問題がある。つまり、本来であれば、使用する前に土地の使用企画・計画を開示する必要があるが、使用期間の開始後1年以上経過してから公布されるのが通常である。2021年から2030年までの土地使用計画は、2021年第三四半期現在において、未だ作成進行中である。

3.3　　　　　　　　　　　　　　　　　　　　　土地使用権の取得

　国は、土地使用者に対して、有償又は無償で土地の使用権を割り当てる。その内、無償での土地使用権割当は、ベトナム国民・世帯、ベトナムの企業・組織に対して行われ、外資系企業は割当を受けることができない。外資系企業は、販売若しくは販売兼賃貸を目的とする住宅マンション開発プロジェクトを実施するために、ベトナム国から有償での土地使用権の割当を受けることができる。

（1）土地使用権のリース

　土地使用権のリースは、前述の通り、①賃料一括払いによる土地使用権のリース、②賃料年次払いによる土地使用権のリースがある。また、土地使用権割当と違って、国から土地使用権を賃借する方法の他、土地使用者（土地使用権を保有する者）からもサブリースを受けることができる。例えば、工業団地や輸出加工地区の開発事業者から工場用地のサブリースや、国から土地使用権を割当てられ、若しくは賃借され又はサブリースができる土地使用者（一般の国家機関、国営企業、民間企業、ベトナム国等）からのサブリースである。

　賃料一括払いによる土地使用権の賃借人の権利と、賃料年払いによる土地使用権の賃借人の権利は大きく異なっている。賃料一括払いに伴う土地使用権の賃借人は、土地使用権及び土地上の財産の両方に対して、譲渡、リース、サブリース、抵当権の設定、現物出資を行うことができるが、賃料年払いによる土地使用権の賃借人は、土地上の財産のみに対して、売却、抵当権の設定、現物出資を行うことができる。

（2）土地使用権の割当とリースの区別

　土地使用権割当と土地使用権のリースの主な相違は、主に以下の通りである。
　ⅰ．土地使用権割当は、国による一方的な意思決定であるが、土地使用権の
　　　リースは、賃貸人（賃貸人が国を代表する機関である場合もある）と賃借
　　　人との間の賃貸借契約により成立するため、ある程度交渉の余地がある。た
　　　だし、賃貸人が国である場合においては、交渉の余地がほとんどない点は

留意を要する。

ⅱ．土地使用権割当は、政府を代表するベトナム国家権限を有する機関のみから受けることができるが、土地使用権のリースは、国の他、土地の使用者からサブリースとして賃借することができる。

ⅲ．土地使用権割当を通じて、土地使用権を取得する土地の種類は、ベトナム国民に対して無償で割り当てる農地と、ベトナム国民に対して有償で無期限に使用することができる住宅地になる。一方、土地使用権の賃貸借は、賃借人のニーズにより、契約ベースで土地の使用権を取得するということであるため、賃借地は、非農業の土地が多い。

（3）土地使用権を取得するための外資系企業に対する条件

外資系企業は、投資プロジェクトを実施するために、ベトナム政府から割当又はリースにより土地使用権を取得する際に、以下の条件を満たす必要がある。つまり条件を満たす必要のある投資プロジェクトは、以下のいずれかのものになる。

ⅰ．住宅建物の建設投資プロジェクト

ⅱ．土地使用権が付く不動産プロジェクト

ⅲ．国家予算を使用しない製造・事業プロジェクト

上記のプロジェクトを実施する際に、以下の条件を満たさなければならない。

ⅰ．20ha以下の土地を使用するプロジェクトである場合において、当該プロジェクトの総投資額の20％以上の金額に相当する自己資本を有する。20ha以上の土地を使用するプロジェクトである場合において、当該プロジェクトの総投資額の15％以上の金額に相当する自己資本を有する。

ⅱ．外国の信用機関、銀行又はその他の個人・組織から資金を調達する能力がある。

ⅲ．既に保有する土地使用権の使用において、土地法に定める規定に違反する状況がない。

また、事業者は、ベトナム政府からの土地使用権の交付前に、預託金の支払い手続を行う必要がある。事業者は、計画投資局と協議し、預託金の金額を確

定し、預託金支払いに関する合意文書の作成・締結、預託金専用口座の開設、送金手続等を行う必要がある。

　預託金額を確定する基準は以下のとおりであるが、優遇制度が適用されるプロジェクトの場合、この金額を最大50％まで減少することができる。

　　i．総投資額が3千億ドンまでの投資プロジェクトの場合において、預託金は総投資額の3％に相当する金額になる。

　　ii．総投資額が3千億ドン超から1兆ドンまでの投資プロジェクトの場合において、預託金は総投資額の2％に相当する金額になる。

　　iii．総投資額が1兆ドンを超える投資プロジェクトの場合において、預託金は総投資額の1％に相当する金額になる。

　預託金の返還については、投資法の規定に従う。

（4）外国投資家による土地使用権の取得方法

　外国投資家（事業者）は、投資プロジェクト実施のために、ベトナム政府から割当若しくはリースにより土地使用権の交付を希望する場合、投資プロジェクトを提案する段階において、併せて土地使用ニーズの提案も提出する必要がある。この場合、投資プロジェクトの提案が承認された後で投資方針承認手続に入るが、土地の使用ニーズも同時平行で承認手続が行われる。

　土地の使用ニーズの承認に際して、上記の条件に基づき、事業者が十分な能力や違反状況があるかどうかを審査する。

　また、使用する予定の土地の使用ニーズが未だ土地使用企画に反映されていない場合には、土地の使用ニーズの承認前に、土地使用企画への反映手続（土地使用企画の変更申請手続）を行う必要がある。

　外国投資家、外資系企業は、前述のいくつかの方法（①国からの土地使用権の割当て、②国からの土地使用権のリース、③土地使用者からの土地使用権のサブリース）以外に、土地使用者から土地使用権を譲り受けることができる。ただし、外国投資家、外資系企業は、投資プロジェクトがなければ、土地使用権のみを保有することができないため、土地使用権のみを譲り受けることができない。そのため、土地使用権を単独で譲り受けるのではなく、土地使用権付き

の投資プロジェクトを譲り受ける方法が利用されることが多い。

　また、実務運営として、既に土地使用権を保有するローカル会社の株・持分を購入したり、ベトナムローカル会社が外資企業に土地使用権を現物として出資するという方法等もある。

3.4　　　　　　　　　　　　　　不動産登記制度、土地使用権証明書

（1）概　要

　ベトナム民法第503条により、土地使用権の移転は、土地法に基づき登記手続を行う時点から効力を発生すると規定されている。また、土地法第95条により、土地使用者、管理のために土地を交付された者に対して土地を登記するのは必須とすると規定されている。つまり、原則として土地使用権を登記しなければ、使用権者としての権利は保護されない。

　不動産である住宅及び土地に付着するその他の財産（現行民法第107条1項により、土地に付着するその他の財産には、土地に付着する建築物、土地・住宅・建設物に付着するその他の財産、法律の規定に基づくその他の財産が含まれる）について、登記する制度があるが、登記するかどうかについては、所有者の任意による。つまり、住宅及び土地に付着するその他の財産の所有者が希望する場合において、権限を有する機関に申請し、当該不動産を登記することができるが、強制ではない。しかし、不動産であるため、登記しなければ、第三者への対抗力が発生しない。

（2）不動産登記制度

　土地使用権及び住宅及び土地に付着するその他の財産の登記は、初期登記と変更登記に分けられる。土地使用者、土地に付着する財産の所有者が、土地使用権、住宅及び土地に付着する財産を登記するための各種書類を提出した後、当局は、法律に定める条件を満たすと判断した場合、当局が管理する土地管理台帳に登記対象である土地使用権、土地に付着する財産を記入する。この土地管理台帳に記入した時点から、土地使用権、住宅及び土地に定着する財産の登記

の効力が発生する。

　登記を完了した後、当局からは、土地使用者、土地に付着する財産の所有者に対して、土地使用権証明書が交付される。

（3）外資系企業による不動産登記制度

　外資系企業に対して、土地使用権及び土地に付着する財産の登記、土地使用権証明書の発行を行う権限を有する機関は、省レベル人民委員会である。しかし、省レベル人民委員会は、天然資源環境局に委任することができる。天然資源環境局は、省レベル人民委員会の委任に基づき、土地使用権及び土地に付着する財産の登記、土地使用権証明書の発行を行う。

　ただし、土地の登記事務所を設置した省である場合、天然資源環境局がさらに土地使用権及び土地に付着する財産の登記、土地使用権証明書の発行権限を土地の登記事務所に委任することができる。この場合、土地使用権及び土地に付着する財産の登記、土地使用権証明書の発行に関する手続の窓口は、土地の登記事務所になる。

■ **参考情報** ■　　Ⅲ 3.4（3）

【ベトナム不動産登記制度】

　ベトナムでの不動産登記制度は、あくまで国家の行政的な管理目的が主であり、公開化、透明化について重視されていないように見える。登記制度があるものの、不動産の登記データベースは、土地管理機関しかアクセスすることができず、誰もが登記データを確認できる制度になっていない。不動産の登記情報を確認するために、個別的に不動産登記事務所に情報開示の申請を行う必要がある。しかし、場合によって、不動産登記事務所によって情報の開示が拒否される場合が少なくない。

　また、不動産の登記情報をデジタル化するという計画が以前からあるが、まだ実現化する見込みが立っていない状態である。

（4）投資プロジェクトを実施するための国からの土地の割当て、賃貸借に関する手続及びこの場合の土地使用権証明書の取得

　以下に述べる手続は、ハノイ人民委員会が開示する手続に基づくものである。ただし、地方により、手続の流れ、提出書類、処理期間が異なる場合がある。

管轄機関	省・市レベル人民委員会
	窓口：天然資源環境局
手続の流れ	
① 事業者	申請書類の提出（申請書類の一覧は、下記）
② 天然資源環境局	申請書類の受理
	省・市人民委員会が決定するために上申する。
	土地の使用料、賃料の単価確定
	土地の賃貸借契約の締結（土地の賃貸借の場合）
	土地の引き渡し、土地図面の発行
	土地使用権証明書の発行（省・市レベル人民委員会の委任に基づく）
③ 省・市レベル人民委員会	承認・決定
④ 事業者	土地の賃貸借契約の締結（土地の賃貸借の場合）
	土地の使用料、賃料の支払い
	土地の引き受け
	土地使用権証明書の受領
申請書類の一覧	
必要部数	一部
必要申請書類（国から土地の割当て、賃借目的）	1．申請書 2．土地の回収決定書、土地を回収する際の賠償、再定住案の承認決定書 3．土地の使用限度図面、縮尺1/500の詳細建設企画又は縮尺1/500マスタ図面 4．土地使用ニーズの審査結果 5．投資プロジェクトに関する書類（投資プロジェクトの提案書、投資方針決定書、投資登記証明書

必要申請書類（土地使用権証明書の取得）	以下の書類を加えて、提出する必要がある。 1．申請書（土地使用権証明書の発行申請書） 2．国に対する各種財務的な義務の履行証明証	
処理期間	1．天然資源環境局による書類審査	8営業日
	2．土地の使用料、賃料の単価確定	3営業日～5営業日^(注1)
	3．省・市人民委員会が決定するために上申するための書類の準備	2営業日
	4．省・市人民委員会が検討し、決定する。	5営業日
	5．土地賃貸借契約書の作成、締結	5営業日
	6．土地の引き渡し	5営業日
	7．土地使用証明書の発行	14営業日

注1：価格の鑑定書が必要である場合、プラス5営業日から6営業日必要。
注2：この処理期間は、法定期間であり、実際の処理期間は、かなり長くなる可能性が高い。

（5）土地使用権証明書

　土地使用権証明書は、最も重要な書類であるため、記載内容を把握する必要がある。土地使用権証明書は、天然資源環境省により全国統一の様式で発行される。土地使用権証明書の表紙は、赤色であるため、「レッドブック」という言い方をし、また英語のLand Use Right Certificateの略語である「LURC」という言い方もある。

　以下は、土地使用権証明書の様式である。この様式は、土地使用権証明書を定める天然資源環境省による2014年5月19日付の通達No.23/2014/TT-BTNMTに規定されている。

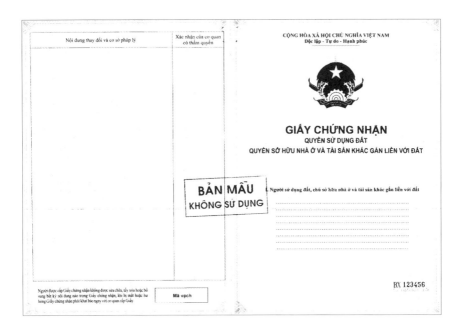

以下、日本語翻訳版となる。

変更の内容及び法的な根拠	権限を有する機関の確認		ベトナム社会主義共和国 独立・自由・幸福
			証明書 土地使用権、住宅及び土地に付着するその他の財産
		様式 使用禁止	Ⅰ. 土地使用者、住宅及び土地に付着するその他の財産の所有者
			....
			....
証明書を発行された者は、この証明書のいかなる内容も修正し、削除し、補充することができない。証明書が紛失又は破損した場合には、発行機関に直ちに通知しなければならない。			....
			....
			BX123456

土地使用権証明書の裏面に記載する内容は、以下の通りである。

<table>
<tr><td>

土地の区画、住宅及び土地に付着するその他の財産
- 土地の区画
  - a）土地の区画番号：○、図面番号：○
  - b）住所：○
  - c）面積：○㎡（文字での表示：○）
  - d）使用形式：○
  - ð）使用の目的：○
  - e）使用期間：○
  - g）従来の使用：○
- 住宅：
  - a）住宅の種類：○
  - b）建設面積：○㎡
  - c）フロアの面積：○㎡
  - d）所有形式：○
  - ð）建設分類レベル：○
  - e）所有期間：○
- その他の建設物：
  建設物の種類

項目	建設面積(㎡)	フロアの面積(㎡)又は効率	所有の形式	建設物のレベル	所有期間

- 森林地（省略）

（場所）、○年○月○日

　　　　　　　　　　　○人民委員会の代理

証明書の記録番号：

</td><td>

Ⅲ．土地の区画、住宅及び土地に付着するその他の財産の図面

Ⅳ．証明書を発行した後の変更内容	
変更内容及び法的な根拠	権限を有する機関の確認

</td></tr>
</table>

■Q&A BOX■　Ⅲ3.4(5)

Q&A (i)	Q：レッドブックは土地使用権証明書を意味しますが、ピンクブックとは何ですか。 A：2009年12月10日以前は、土地使用権及び土地上の住宅、建物の所有権の証明書は、それぞれ個別に発行された。都会の住宅地ではない土地使用権（農村の住宅地、農地、林地等）の場合は、天然資源環境省の管轄で、天然資源環境省が発行する土地使用権証明書（レッドブック）が使われた。一方、都会の住宅地、マンションを含む都会の住宅の場合は、建設省の管轄で、建設省が発行する住宅及び住宅地証明書（ピンクブック）が使われた。また、当時、住宅建物ではない建物の場合は、建設当局が別の建物所有権証明書を発行し、所有者の権利が認められた。 　ただし、2009年12月10日以降、土地使用権及び土地上の住宅、建物の所有権のすべてを登記する際に、一体となった土地使用権、住宅及び土地に定着するその他の財産証明書（「レッドブック」という。）が使用されることになった。 　以前に取得したピンクブックは、現在のレッドブックにすべて移行したわけではないため、現在でもピンクブックが存在しており、その効力は認められている。

3.5　　　　　　　　　土地の回収、整地、賠償・補助、再定住

　ベトナム政府は、国家利益、公益を目指し、経済・社会発展のために土地使用者から土地を回収することができる。しかし、経済・社会の発展に貢献する投資プロジェクトであれば、いかなる場合でも土地を回収できるというわけではない。土地の回収が認められるのは、以下の各種投資プロジェクトに制限される。

　ここでは、外資系企業が実施することができるプロジェクトのみを記載するものとする。

① 国会が投資方針を決定し、土地を回収しなければならない国家レベルの重要なプロジェクト	a）原子力発電所
	b）特用森林、水源保護、国境保護のための森林のうち50ヘクタール以上の部分 防風、防砂、防波、海による浸食の防止のための森林のうち500ヘクタール以上の部分 生産林のうち1,000ヘクタール以上の部分の土地使用目的の転換請求をする投資プロジェクト
	c）2期以上の農繁期がある水稲を植える土地のうち500ヘクタール以上の規模で土地使用目的転換請求をする投資プロジェクト
	d）山岳地帯において2万人以上、その他の地帯において5万人以上の移住、再定住要請をする投資プロジェクト
② 政府の首相が投資を承認・決定し、土地を回収しなければならないプロジェクト	a）工業団地・輸出加工区・ハイテック地区、経済地区、新規都会地区を建設するプロジェクト、政府開発援助（ODA）で投資されるプロジェクト
	b）交通、水利、給水、排水、電力、情報通信を含む国家級の技術インフラ基盤、ガソリン・ガスラインシステム、国家予備倉庫、廃棄物収集・処理工事を建設するプロジェクト
③ 省レベル人民評議会が承認し、土地を回収しなければならないプロジェクト	a）交通、水利、給水、排水、電力、情報通信を含む地方の技術インフラ基盤、廃棄物収集・処理施設を建設するプロジェクト
	b）住民共同体の共通生活に使用される工事を建設するプロジェクト、再定住用住宅、学生用寮、社会住宅、公務住宅を建設するプロジェクト、公共の文化・スポーツ・遊園地を建設するプロジェクト
	c）新規都会地区・新規農村住民地区を建設するプロジェクト、都会・農村住民地区を整理するプロジェクト、工業地のプロジェクト、農産物・林産物・水産物・海産物の集中生産・加工地区のプロジェクト

（1）土地の回収、整地、賠償、補助、再定住に関する手続

　土地の回収、整地、賠償・補助、再定住に関する全体的な手続は、以下の通りになる。

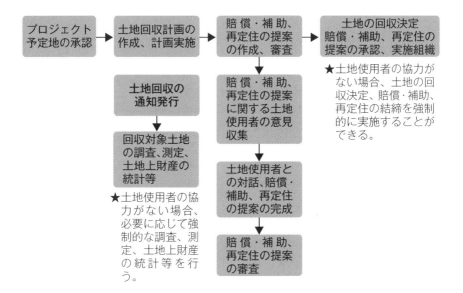

（2）土地の回収に要する期間

　土地の回収は、土地の使用者（多くの場合は、農地の使用者、農村の住民である）の権利に大きく影響を与えるため、土地を回収された土地使用者から様々な批判等がある。したがって、上記の流れの中、土地使用者の意見収集や、賠償・補助、再定住の提案に反対した土地使用者との対話は、最も重要である。

　土地使用者の意見収集や、賠償・補助、再定住の提案に反対した土地使用者との対話期間は、平均3か月から6か月を要する。土地の使用者からの批判が多く、行政機関とのトラブル等が発生する場合においては、土地の回収、整地、賠償・補助、再定住に関する全体的な手続に要する期間は、何年もかかるケースもある。

　また、国から土地を回収された土地使用者に対する賠償額に、実際の市場価格ではなく、国が定める土地の価格単価が適用されることは、国民の批判の大きな要因となっている。そのため、国が土地使用者に対して支払う賠償額の他に、事業者は、土地使用者に対して、補助金（市場価格と賠償額の差額）を支払う場合もある。

4 住宅法

4.1 住宅法の概要

（1）外国人による住宅所有に関する住宅法の規定

現行住宅法（法律No.65/2014/QH13）は、2014年11月25日に国会（第13期第8回会議）において承認された。改正前の2005年住宅法（法律No.56/2005/QH11）と比較して、現行住宅法は大きく進歩したと評価された。

その内の一つは、初めて外国の組織・個人がベトナムにおいて住宅を所有できるようになったことである。これにより、住宅の所有権が法定化され、それ以前に公布された2008年の国会決議（決議No.19/2008/NQ-QH12）は、あくまで外国の組織・個人にベトナムでの住宅を所有させるための試行と位置づけられた。

ベトナムに入国する外国人の増加に伴い（入国管理局の統計によると、2014年から2016年までの期間において、毎年のベトナムへの入国者数は800万人から1,000万人の間で推移している）、ベトナムでの外国人労働者の人数も2015年83,500人から、2019年7月92,100人に増加した。

このような状況のもと、外国人のベトナムでの住宅の所有権を法律で認める目的は、以下のとおりである。

　ⅰ．ベトナムで定職を持ち生活している個人・組織のための長期的な住まいの問題を解決すること

　ⅱ．ベトナムと外国の組織・個人との間の長期的かつ持続可能な関係を強化すること

　ⅲ．商業住宅の高級セグメントの市場を拡大すること

　ⅳ．投資リソースを誘導し、国家を発展させ、経済統合を推進すること（外資系企業のベトナムでの住宅開発の促進）

住宅法の施行により一定の成果が得られたものの、いくつかの規定の内容が

未整備であることも判明した。特に、幹部公務員・公務員・準公務員への住宅政策・制度の規定や、社会住宅開発等といった問題である。そのため、2018年に政府は、建設省に現行住宅法への改正法案を検討・準備するように命じた。これまで、住宅法改正案は未だ公開されていないが、改正案の内容は、ベトナムにおける外国の組織・個人による住宅所有規制にほとんど影響を与えないものと予想される。

　住宅法は、住宅の所有・開発・管理・使用、住宅取引、住宅所有者間の関係におけるベトナムの住宅の国家管理について規定している。ただし、不動産事業を営む企業あるいは合作社が行う商業住宅プロジェクトに関連する取引は、不動産事業法の適用対象となる。

（2）住宅の概念及び分類

　住宅とは、世帯・個人が居住及び生活の需要に資することを目的とする建築物をいう（住宅法3条1項）。

　住宅法は、建築の様式により住宅を個別住宅と共同住宅に分けている。そして、使用目的により、一般住宅（主として個別住宅）のほか、商業住宅、公務住宅、再定住用住宅、社会住宅に分類されている。

　外国の組織・個人が所有できる住宅は、商業住宅プロジェクトにおける個別住宅と共同住宅となる。そのため、本書では、商業住宅に該当する個別住宅と共同住宅に関する内容のみ記載することとする。

　「商業住宅」とは、市場原理に従って販売、賃貸、買受特約付き賃貸をするために建築される住宅をいう（現行住宅法3条4項）。したがって、商業住宅は、不動産事業者が不動産事業（譲渡・賃貸・買受特約付賃貸）の目的で建設する住宅である。

（3）その他

　外国の組織・個人へのベトナムにおける住宅の所有権に関する内容は、現行住宅法の第9章（第159条以下）及び以下の実施ガイドラインの文書によって定めている。

ⅰ．2015年政令99号：住宅法のいくつかの条文の詳細規定、実施ガイドラインとなる2015年10月20日付の政令No.99/2015/NĐ-CP

ⅱ．2016年通達19号：住宅法の一部及び住宅法のいくつかの条文の詳細規定、実施ガイドラインとなる2015年10月20日政令No.99/2015/NĐ-CPの実施を案内するための2016年6月30日付通達No.19/2016/TT-BXD

■ アップデート情報 ■　Ⅲ4.1（3）

　政府は、現在、政令99号の改正草案を作成し、意見を収集する段階である。2020年末に公表された政令草案では、住宅開発についての規定及びマンションのメンテナンスの経費管理についての規定、国有中古住宅の賃貸・売却管理に関する規制、行政手続の改正に関する規制が改正対象とされている。

4.2　　　　　　　　　　　　　　　　　　　　　　　　　住宅の所有

（1）外国人による住宅所有の状況

　現在の住宅法の施行から5年以上が経過した今日、ベトナムにおいて住宅を所有する外国の組織・個人の数は大幅に増加した。2015年7月から2020年7月までの5年間におけるホーチミン地域の最大手不動産企業17社（推定数によると約70～80％の市場シェアを占める）を対象とする統計によれば、外国の組織・個人に譲渡された一軒家やアパートの総軒数は12,335軒である（ホーチミン市の不動産協会（HoREA）が発表したデータより）。不動産専門家によれば、外国人による住宅取得数はいまだ少数にとどまり、最大でも市場取引の総件数の2％に過ぎないと予想されている[1]。

　外国の組織・個人の購入率が低い原因の一つとして、住宅法が公布された初期の段階では、法的メカニズムが明確ではなく、国家機関、不動産事業者や住宅の買い手は十分に慣れていないところで、取引を行う恐れがあったことが挙げられた。

1　http://www.horea.org.vn/media/ftp/82_2020.pdf

現在は、法的問題がほぼ解決された反面、外国の組織・個人の購入条件を満たす住宅供給が少ないという問題に直面している。外国の組織・個人への販売ができなくなった（範囲外）プロジェクトでも、多くの注目を集めている。その反面、販売条件を満たすが、外国の組織・個人に注目されないプロジェクトも多くある。

（2）ベトナムにおける住宅を所有できる外国の組織・個人の資格

ベトナムにおいて、住宅を所有することができる外国の組織・個人の資格は以下の通りである。

　 i．この法律及び関連法令の規定に従い、ベトナムにおいて、プロジェクトによる住宅の建築投資をする外国の組織・個人

　 ii．ベトナムで活動している外資系企業、外国企業の支店・駐在員事務所、外国投資基金・外国銀行の支店

　 iii．ベトナムへ入国できる外国の個人

（住宅法159条1項）

対象者（ i ）は、住宅建築プロジェクトへの投資という形を通じて、住宅を所有する形態である。この内容は、不動産プロジェクトの開発に関する法制度についてのⅣで説明される。

対象者（ ii ）は、ベトナムにおいてベトナム法に従い設立され活動している企業・組織（外国投資企業、支店、駐在員事務所、外国投資基金など）でなければならない。これらの企業・組織は、ベトナムにおける活動許可を証明するため、投資登録証明書又は他の関連証明書（活動許可書、活動登録証明書等）を取得しなければならない。

また、対象者（ ii ）は、自社の管理職・従業員のための居住を目的とするか、不動産事業を行うことを目的とする場合に限り、住宅を所有することができる。不動産事業を目的とする住宅購入の法制度については、Ⅲ5で述べるものとする。

対象者（ iii ）は、ベトナムへ入国する資格のある外国の個人。ただし、法律規定に従い、外交・領事館の特権及び免税を受ける資格のある外国人は除かれ

る。外国の個人は、購入予定の住宅の所在地において、一時的又は恒久的な在留を登録する必要はない。外国の個人がベトナムへ入国できる対象かどうかは、その個人の有効なパスポートにある入国証印シールを通じて表示される。

（3）外国の組織・個人が所有できる住宅の条件

ⅰ．住宅形態の条件

外国の組織・個人が所有できる住宅は商業住宅建築のプロジェクトによる共同住宅又は個別住宅でなければならない。

ⅱ．地域の条件

外国の組織・個人が所有できるのは安寧・国防保証（国家安全保障）地域に所属しない地域である。

ⅲ．所有できる軒数の条件

住宅の形態	所有できる軒数／率	その他
共同住宅（混合使用目的の共同住宅を含む）	住宅の総軒数の30％を超えない数	地区級行政単位に相当する人口のある地域において、販売・賃貸・購入のための住宅が複数ある場合、外国の組織・個人が所有できる数は、1軒の共同住宅の総軒数の30％を超えず、又は全ての共同住宅の30％を超えない。
個別住宅（半戸建住宅、個別住宅、別荘を含む）	プロジェクトごとによる個別住宅の総軒数の10％を超えず、最大250軒を超えない数	一つのプロジェクトが2,500軒以下である場合には、外国の組織・個人が所有できる数は当該プロジェクトの個別住宅の総軒数の10％を超えない範囲となる。一つのプロジェクトが2,500軒を超える場合には、外国の組織・個人が所有できる数は最大250軒を超えない範囲とされている。

Q&A(ⅰ)	Q：購入する予定の住宅が前記の条件を満たすかどのように確認するのか？ A：各都市・県の建設局は情報局の電子ポータルにおいて以下の情報を公開する責任がある。 　　a．外国の組織・個人が住宅を所有できない地域にあるプロジェクトのリスト 　　b．外国の組織・個人が所有できるプロジェクトごとに所有できる住宅の軒数 　　c．ライセンスを取得した住宅建築プロジェクトごとに外国の組織・個人が購入した住宅の軒数 　　しかし、各地域の情報公開は統一されておらず、十分ではない。現在、ハノイ市とホーチミン市の建設局は、外国の組織・個人が所有できる商業住宅建築プロジェクトのリスト、及び住宅所有権を許可された外国の組織・個人のリストのみ公開した。他のプロジェクトごとに外国人が所有できる住宅の割合及び軒数に関する情報は、まだ公開されていない。 　　したがって、所有できる残りの住宅の軒数を確認するため、住宅の購入者は、直接建設局に確認又は商業住宅建築プロジェクトの事業者を通じて建設局に確認する必要がある。

（4）ベトナムにおける外国の組織・個人の住宅所有形態

下記はⅢ4.2(2)に述べた対象者（ⅱ）及び対象者（ⅲ）のみについてである。

ベトナムにおいて外国の組織・個人が住宅を所有する方法は、①購入、②買受特約付賃貸、③受贈及び④相続に限られる。このように、外国の組織・個人の住宅所有権の取得は、国内の組織・個人よりも制限されている。

また、取引に参加する主体である外国の組織・個人は、商業住宅建築プロジェクトの事業者から住宅を購入又は買受特約付賃貸を受けるか、あるいはその他の外国の組織・個人から住宅を譲り受けることができるが、ベトナムの組織・個人から住宅の譲渡を受けることができないことに留意する必要がある。

外国の組織・個人は、所有可能な各住宅建築プロジェクトにおいて、Ⅲ4.2(3)に記載された軒数の範囲内でのみ、世帯、個人又は組織から住宅を相続、譲受することができる。外国の組織・個人が、ベトナムにおいて所有できない住宅

を相続、譲受する場合、それらの住宅に対する住宅所有権は許可されず、その他の住宅所有資格のある組織・個人への販売、譲渡が必要になる。

■Q&A BOX■　Ⅲ4.2(4)	
Q&A (ii)	**Q**：外国の個人は、土地使用権を譲り受けて、住宅を建設することができますか。 **A**：ベトナム人と結婚して、土地使用権及び住宅建築権の譲渡を受けたい外国人は多い。しかし、夫婦の共同財産であるかどうかにかかわらず、外国の個人は、住宅に対する住宅所有権（及び土地使用権）を取得できない。住宅所有権の取得方法は、前記の条件及び4つの方法のみである。

（5）住宅所有期間

① 外国の個人の場合

外国の個人の住宅所有期間は、購入、買受特約付賃貸、受贈、相続の際の合意文書に基づいているが、住宅所有権証明書の発行日から50年間を超えてはいけない。したがって、個人が不動産事業者から初めて住宅を購入する場合、初回の所有期間は最大で50年間である。外国の個人が、他の外国の個人から住宅の譲渡を受ける場合、所有期間は住宅所有権証明書に記載された残りの期間となる。

上記の住宅所有期限切れの前に、所有者は延長する権利を有する。延長手続は、住宅所有期限の3か月前から期限までに行わなければならない。省級人民委員会は、所有者からの要請書を受けた時点から30日以内に、所有者の要請に応じて、住宅所有期間を一回延長することを検討し、書面で同意するが、住宅所有権証明書に記載された住宅所有権の最初の期限から50年間を超えられない。

ベトナム人又は海外に滞在するベトナム人と結婚する外国の個人は、安定・長期的に住宅を所有し、ベトナム人と同じような住宅所有権を持つことができる。

② 外国の組織の場合

　外国の組織の住宅所有期間は、購入、買受特約付賃貸、受贈、相続の際の合意に基づいているが、その組織に発給された投資証明書に記載された期限（延長期間を含む）を超えてはいけない上、住宅所有期間は、組織の住宅所有権証明書の発行日から計算され、所有証明書において明確に記載される。

　上記の住宅所有期限切れの前に、所有者は延長する権利を有する。延長手続は、住宅所有期限の3か月前から期限までに行わなければならない。省級人民委員会は、所有者からの要請書を受けてから30日以内に、所有者の要請に応じて住宅所有期間を一回延長することを検討し、書面で同意することができるが、権限を有するベトナムの機関が、活動期間を延長した投資登録証明書に記載した期限を超えてはいけない。

（6）住宅所有期限切れの場合の処理方法

　住宅所有期限切れ（延長期間を含む）の前に、所有者は、ベトナムにおける住宅を所有する資格のある対象者に、住宅を売却又は贈与することができる。住宅所有期限を過ぎても、所有者が売却又は贈与しなかった場合、その住宅は国の所有物となる。

（7）住宅所有プロセス

住宅所有のプロセスは下図になる。

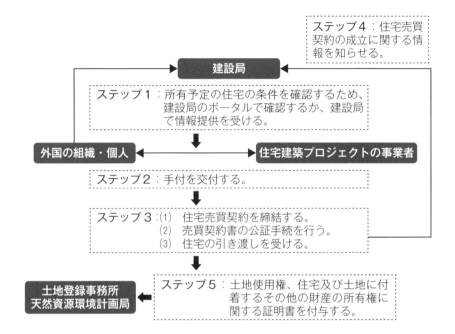

上の図のステップでは、次のようにいくつかの問題点に注意する必要がある。

ステップ1：外国の組織・個人は、自分で情報を確認できない場合、建設局に
確認のための情報提供を要求できない場合又は住宅建築プロジェクトの事業
者又は不動産仲介会社に確認作業を依頼することができる。ただし、利害関
係を有するなどの理由で、住宅建築プロジェクトの事業者又は不動産仲介会
社の独立性と正確性について疑義がある場合には、独立の第三者である法律
事務所や法務コンサルタント等に委託することも考えられる。

ステップ2・ステップ3：通常、プロジェクト事業者との契約締結は、全ての
住宅購入者に適用される定型の契約書に従う。しかし、住宅売買取引は大き
な取引であり、当事者は自らに最も有利に交渉し合意する権利を有している
ので、法律を遵守し、リスクを防ぎ、買手（外国の組織・個人）に有利な条
件を提案をするため、住宅建築プロジェクトの事業者と外国の組織・個人と

の間の住宅取引には、弁護士又は法務コンサルタントの参加が必要である。

ステップ４：このステップは、プロジェクトの事業者及び譲渡、贈与、相続した組織・個人が行う。

ステップ５：住宅所有者に証明書を発行するための手順と手続は、土地に関する法律の規定にしたがって行われる（Ⅲ３.５参照）。住宅プロジェクトの事業者は、購入者のため証明書発行申請手続を行う責任がある。購入者が自主的に証明書発行申請手続を行う場合、事業者は購入者が各手続を行うために、売買の住宅に関する法的書類を提供しなければならない。外国の組織・個人が自主的に証明書発行申請手続を行うことを選択する場合、専門の第三者にこの手続を委託することができる。

（8）ベトナムにおける住宅所有の際のその他の注意事項

ⅰ．ベトナムでは、資本を調達するため、事業者が銀行に抵当権を設定する住宅建設プロジェクトは少なくない。したがって、手付を交付する前に、外国人に対しベトナムにおいて住宅所有の条件を確認することに加え、住宅を譲渡する際に、抵当権抹消の条件と手続を確認する必要がある（事業者が既に抵当権設定手続を行った場合）。

ⅱ．外国の組織・個人は、預金契約書及び住宅購入契約書に基づいて預金及び住宅購入金額を事業者に送金しなければならない。外国為替管理法の規定により、外国の組織・個人は取引金額の出所を証明する必要がある。組織や個人が銀行を使わず取引をしたり、金額出所を証明する根拠を失った場合、賃貸借からの利益又は住宅譲渡で得た収入を海外に移転するのは困難になる。

ⅲ．ベトナムにおける財産所有（住宅所有）は、ベトナムへの投資と同じではない。したがって、住宅を購入した後の外国の個人は、住宅を所有したことのみを根拠にしてビザやベトナムでの長期滞在資格を申請することができない。

■ 参考情報 ■ III 4.2（8）

ⅰ．外国の個人は、ベトナムに永住又は一時在留を登録する必要がなく、ベトナム
へ入国が可能であればベトナムにおける住宅を所有できる。

ⅱ．住宅購入預金契約書を締結する前に、外国の組織・個人は購入する予定の住宅
が所有できる形態、地域、所有数量の条件を満たすかどうかを十分に確認する必
要がある。

ⅲ．外国の組織・個人は、事業者又は他の外国の組織・個人から住宅の譲渡のみを
受けることができ、ベトナム人からの譲渡を受けることができない。

ⅳ．外国の個人の住宅所有期間は50年以内である。組織の場合、住宅所有期間は
投資登録証明書又は同等の文書に記録された期間である。この期間は延長するこ
とができる。

ⅴ．ベトナムにおいて、住宅所有における全ての手続には、外国の組織・個人のコ
ンプライアンスと最大の利益を確保するため、弁護士又は法務コンサルタントの
参加が望ましい。

4.3　　　　　　　　　　　　　　　　　　　　　　　　　　　　住宅の売買

（1）住宅を所有する外国人の権利

　住宅の所有権を取得する過程及び取得後に、外国の組織・個人は、住宅法及
び関連細則法令に従い住宅に対する権利を有する。したがって、外国の組織・
個人（以下「所有者」という）は、住宅の売買、売買契約の移転、賃貸借、買
受特約付き賃貸借、贈与、交換、相続、抵当、出資、無償での賃貸借、無償で
の宿泊、管理委任等の取引を行うことができる。詳細は、以下の通りとなる。

　ⅰ．住宅の販売取引：住宅販売の取引は、所有者が住宅の所有権を取得後（所
有権証明書が発給された後）にのみ可能である。住宅売買取引の相手は制
限されず、外国の組織・個人又はベトナムの組織・個人である。

　　住宅販売取引の詳細内容は本項（III 4.3）において説明する。

　ⅱ．売買契約の移転取引：売買契約の移転は、所有者が住宅に対する所有権
を取得する過程においての取引である。すなわち、所有者が事業者又は他
の組織・個人との売買契約を締結したが、所有権証明書の発給手続を未だ
実行していない段階に行うものである。

　　売買契約移転の取引の詳細内容はIII 4.4において説明する。

ⅲ．賃貸借取引は、所有者と、居住を目的とした賃借人との間の取引である。

　当該取引の所有者は、外国の個人であることを留意すべきである（幹部、職員のために住宅を購入する組織を除く）。また、賃貸借契約の目的は居住でなければならない。

　賃貸借取引の詳細内容はⅢ4.5において説明する。

ⅳ．抵当取引は、所有権を取得した住宅を、他の取引（通常はローン契約）等の義務履行を確保するために使用する。

ⅴ．他の取引：住宅管理委託取引を除き、他の取引の発生は少ない。したがって、本書では残りの取引についての詳細説明は省略する。住宅管理委託取引は、Ⅲ5.6において説明する。

以下の内容は、住宅（個別住宅及び共同住宅アパートを含む）の売買取引における一般的な法的問題について述べる。共同住宅アパートに関する特殊内容は、Ⅲ4.6において説明する。

住宅の販売取引に関して、以下の内容の留意が必要となる。

（2）取引される住宅に関する条件

取引される住宅は、以下の条件を満たさなければならない。

ⅰ．所有権証明書を有すること

ⅱ．所有権について紛争、不服申立て、提訴がなされていないこと

ⅲ．住宅所有期間中であること

ⅳ．判決執行による差し押さえ、又は権限を有する国家機関の法的効力を生じた行政決定執行により差し押さえられていないこと

ⅴ．権限を有する機関の土地回収決定の対象になっておらず、住宅の収去、解体の通知を受けていないこと

（住宅法118条1項）

（3）取引実行の順序、手続

取引の順序と手続は以下の図で表す。

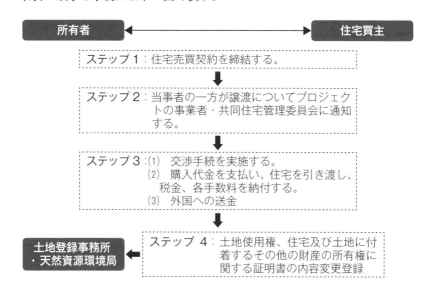

上記の図で述べた順序においては、以下の留意が必要となる。

ステップ1：引渡済住宅の売買契約は、売買契約の当事者の合意に従う。ただし、公証手続が順調に行われるため、住宅売買契約を締結する前に、弁護士及び契約書の公証手続を行う予定の公証役場の公証人に相談することを推奨する。

ステップ2：住宅の売主は、事業者又は共同住宅の管理委員会に対して、住宅の買主を知らせる義務を負う。

ステップ3：住宅売買契約は公証を要し、契約は公証手続が終了した時点より有効となる。住宅売買契約を公証した後、買主は購入代金、登記料を支払い、住宅を受領する義務を負う。売主（所有者）は譲渡した後に、ベトナム税務機関に対して、不動産譲渡に伴う個人所得税を納税しなければならない。納税義務を完了することは、海外送金時の前提条件となる。

　海外送金手続について、以下の要件を満たさなければならない。

(i) ベトナムにおける不動産の購入金額の資金は合法で、証明可能な資金であること（振込の形式で支払い）

(ii) 売買契約書は、公証役場にて公証済みであること

(iii) 売買契約による不動産譲渡への納税義務を完了していること

(iv) 買主は、所有者のベトナムでの銀行口座に振り込むこと[注]

注：買主は、所有者の海外での銀行口座に振り込むことができる。ただし、取引はここに述べている要件を満たさなければならない。

　その上、海外送金手続を行う際、送金業務を実施する銀行に対して、送金に必要となる書類や書面等の確認を受ける必要がある。銀行の内部規則によって、書類の厳格さも多少異なる。通常、銀行は、パスポート、労働許可証、レジデンスカード（有する場合）、公証された売買契約書、納税証明書の提供を求める。仮に、海外送金業務を実施する銀行と、不動産を購入する際の金額を引き出した銀行が異なる場合、所有者は、不動産の購入金額の資本証明証書の提出が必要となる場合もある。

ステップ４：土地使用権、住宅及び土地に付着するその他の財産の所有権に関する証明書の変更登記は、土地法令による住宅所有者に対する証明書発給手続と同様である（Ⅲ.3.4参照）。

　土地使用権、住宅及び土地に付着するその他の財産の所有権に関する証明書の変更登記手続（住宅の所有者の変更）の実施は両当事者の合意により、一方の当事者が代行して実施することができる。買主が手続を実施する場合、売主がそれに応じて手続に必要となる書類、資料を提供する義務を負う。

注：いずれかの当事者は、ベトナムに滞在して上記の手続を直接に実施できない場合（売買契約書の公証手続を除き）、ベトナムに居る代表者を通して実施することができる。

　また、住宅法令によって、引渡済住宅を販売する際は、住宅所有者に対して、住宅の設置場所の建設局への報告手続の実施を求めていない。仮に、所有者がベトナム人に住宅を販売した場合、住宅建設プロジェクトにおける外国人の住宅所有割合が減少することになる。ただし、報告手続がないため、このデータの開示はされていない。

（4）住宅売買契約の主要内容

住宅売買契約の主要内容は、民法、住宅法及び関連法令において規定されている。民法で規定されている内容はⅢ.2.1において述べた。

現行住宅法では、住宅売買契約の主要内容は以下となる。

ⅰ．個人の氏名、組織の名称及び各当事者の住所

ⅱ．取引住宅の特徴とその住宅が付着する土地の特徴の説明

アパートの売買又は買受特約付賃貸借契約の場合においては、共同所有・共同使用部分、別所有権に属する使用面積、当初承認された設計の目的による共同住宅内の共同所有、共同使用部分の目的を明記しなければならない。

ⅲ．支払機関と支払方法

ⅳ．住宅の引渡期限

ⅴ．各当事者の権利及び義務

ⅵ．各当事者の表明保証

ⅶ．その他の合意

ⅷ．契約の効力発生時期

ⅸ．契約の署名年月日

住宅売買契約においては、各当事者の署名及び記名が必須である。組織である場合、押印し（印鑑を有する場合）、署名者の職位を明記しなければならない。

（5）他の留意点

ⅰ．共同所有住宅の売買取引の場合は、ベトナム婚姻家族法の規定に従い行う必要がある。したがって、住宅売買契約は、夫婦両方の同意が必要となり、取引を行うための法的書類の全ては、夫婦又は夫婦の合法的代表者による署名が必要となる。

ⅱ．所有者が賃貸されている住宅を売却する場合、住宅の売却及び売却による条件を、書面により賃借人に通知する必要がある。

4.4　　　　　　　　　　　　　　　　　　　　　住宅売買契約の譲渡

（1）概　要

Ⅲ4.3(1)で述べたように、売買契約の譲渡取引は、買主が事業者又は他の
外国の組織・個人と住宅売買契約を締結した際の取引であるが、所有権証明書
を発行するための手続は行っていない。言い換えれば、売買契約の譲渡取引は、
本質的に、買主と事業者又は他の外国の組織・個人との間の売買契約における
権利と義務の譲渡である。

所有者が所有権証明書の発行手続を進めている場合は、(a)所有権証明書が発
行されて住宅の売却が確立されるまで待つか、又は(b)売買契約の譲渡取引を行
うために所有権証明書の発行申請書を撤回するということである。

（2）住宅売買契約の譲渡条件

外国の組織・個人は、住宅売買契約を他の外国又はベトナムの組織・個人に
譲渡することができる。ただし、住宅売買契約の譲渡は、以下の条件を満たす
必要がある。

　ⅰ．元の住宅売買契約の当事者は、国家の権限ある管轄機関に住宅所有権証
　　　明書の発行申請書を未提出であること

　ⅱ．住宅売買契約の譲渡は、個々の住宅又はアパートごとに行うこと

■Q&A BOX■　　Ⅲ4.4(2)	
Q&A(ⅰ)	Q：外国の組織・個人が事業者と売買契約を締結していますが、住宅の引き渡しを受けていない段階において、住宅売買契約を譲渡することはできますか？ A：本項目に記載されている条件が完全に満たされている場合（売買契約書に署名し、建設の進捗状況に応じて購入代金を支払った場合）には、外国の組織・個人が、住宅の引き渡しを受けていない場合でも、引き続き売買契約を譲渡する権利があります。

| Q&A (ii) | Q：住宅売買契約の譲渡を受けた後、譲受人はさらに住宅売買契約を譲渡することができますか？ |
| | A：外国の組織・個人が売買契約の譲渡を受けた場合、住宅所有権証明書の発行申請書を提出していない場合は、他の第三者への譲渡を継続することができます。 |

（3）住宅売買契約の譲受人の権利と義務

　住宅売買契約の譲受人は、譲渡人のすべての権利を継承するものとする。同時に、譲受人は、事業者との間で締結された住宅売買契約に基づく義務を履行する責任がある。

（4）住宅売買契約の譲渡の手順・手続

　住宅売買契約の譲渡の手順と手続を下図に示す。

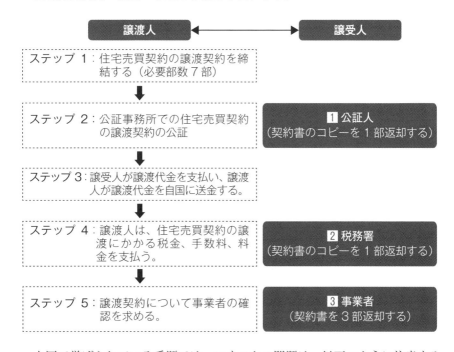

　上図で挙げられている手順では、いくつかの問題は、以下のように注意する必要がある。

ステップ1：譲渡契約の内容については、以下のⅢ4.4(5)を参照。ただし、公証手続を円滑に行うために、契約書に署名する前に契約書の公証手続を行う予定の弁護士及び公証人事務所の公証人への相談を推奨する。

ステップ2：

ⅰ．不動産事業機能を持たない個人・組織間の住宅売買契約については、譲渡契約の公証が必要である。当事者は、認可された公証人事務所・代理店でこの手順を実行する必要がある。

ⅱ．不動産事業機能を備えた企業・協同組合である譲渡人には、公証・認証は必要ない。両当事者は、住宅売買契約の譲渡契約の公証を合意することもでき、その場合には公証は必要である。

ステップ3・ステップ4：Ⅲ4.3(3)のステップ3の内容を参照とする。

ステップ5：上記の手順を完了した後、譲渡人は、住宅売買契約の譲渡について事業者に連絡し、確認を得る責任がある。事業者の確認の申請には、以下のものが含まれる。

ⅰ．元の住宅売買契約の譲渡契約

ⅱ．事業者との間で締結された元の住宅売買契約（2回目以降の譲渡の場合は、前回の譲渡の譲渡契約の原本が必要）

ⅲ．住宅の引き渡し記録の認証されたコピー（住宅が引き渡された場合）

ⅳ．住宅売買契約の譲渡のための納税の受領

ⅴ．譲受人の書類（個人のパスポート・IDカード又は組織の事業所決定・事業所録・投資証明書）

（2016年6月30日付32条3項通達No.19/2016/TT-BXD）

■Q&A BOX■　Ⅲ4.4(4)	
Q&A（ⅰ）	Q：2回目以降に譲渡する場合、上記の手順に従う必要がありますか？ A：2回目以降に譲渡する場合でも、本章に指定されている手順を完了する必要があります。

（5）住宅売買契約譲渡書面の内容と形式

ⅰ．住宅売買契約譲渡書面には、以下の主要な内容を含む必要がある。

　(ⅰ)　譲受人及び譲受人に関する情報

　(ⅱ)　事業者との住宅売買契約の番号、年月日又は2回目以降に譲渡された場合は、契約の書面による譲渡の番号、年月日

　(ⅲ)　契約譲渡価格、期限、支払方法

　(ⅳ)　当事者の権利と義務

　(ⅴ)　紛争解決

　(ⅵ)　その他の合意

ⅱ．住宅売買契約譲渡書面の形式は、「住宅法及び住宅法の若干条項の実施細則とガイドラインを規定する政府による2015年10月20日付の政令No.99/2015/NĐ-CP号の若干条項の実施ガイドラインに関する2016年6月30日付の通達19号」に添付されている付録24に基づいている。

　ただし、上記の住宅売買契約譲渡書類の形式は参考用のみである。当事者は、それに応じて住宅売買契約譲渡フォームの条件を修正及び補足することに同意できるが、ⅰ．で述べたすべての主要な内容を確認する必要がある。

4.5　住宅の賃貸借

　Ⅲ4.3(1)で述べたように、所有者（外国の個人）は住宅の所有権を取得した後、当該住宅を居住目的で賃借人に賃貸する権利を有する。

　住宅賃貸借契約及び住宅賃貸借取引に関する規定は、民法、住宅法及び関連法令によって定められている。民法に関する内容については、Ⅲ.2.2を参照されたい。

（1）住宅管理の委任

　多くの場合、住宅を購入した外国の個人（以下、「所有者」という。）は、ベトナムで居住又は滞在しない。その場合、住宅の賃貸などの取引を実施することが困難になる。この問題を解決するために、所有者はベトナムの組織・個人に対して賃貸借取引などの住宅に関する取引の管理、実施を委任することができるという仕組みができた。

　委任の形態は二つの場合があり、(i)不動産サービス事業を運営する資格のない個人・組織に委任する場合、及び(ii)不動産サービス事業を運営する資格ある個人・組織に委任する場合である。(i)の委任形態は民法によって行われている。(ii)の委任形態は不動産事業法によって行われている。個人・組織の不動産管理サービス事業の要件及び内容はⅢ.5.6に記載する。

　ただし、留意すべきは、賃借人が組織の場合、賃料の証書・領収書の発行が必要となるため、仮に不動産サービス事業を運営する資格のない個人・組織に委任した場合、それが難しくなるため、所有者には(ii)の委任形態を推奨する。したがって、以下の記載は、(ii)の委任形態についてのみ取り扱う。

　不動産サービス事業を運営する有資格の個人・組織に不動産管理を委任する場合、所有者は以下の内容を委任することができる。

ⅰ．取引の窓口業務、事業者及び共同住宅の管理委員会との連絡

ⅱ．賃借人の募集

ⅲ．賃貸借契約締結

ⅳ．賃貸借契約締結に関する行政手続の実施

ⅴ．賃貸借契約の実施（賃貸借契約による義務の履行、所有者の税金納付の支払代行、賃料の受領）

ⅵ．住宅の通常運用状態の維持を保証するサービスの提供、住宅のメンテナンス及び修繕

ⅶ．賃借人の住宅使用の管理

所有者、住宅管理者、賃借人の間の関係は以下の図の通りである。

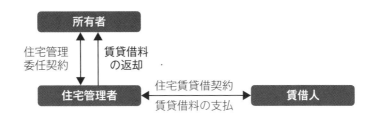

金銭の流れは次のようにモデル化できる。

No.	取　引	金　銭
1	賃借人は賃料を支払う。 （税金、サービス費用及びすべての他の費用を含む） 住宅管理者は賃借人に領収書を発行する。	110
2	住宅管理者は所有者の代わりに個人所得税（5％）及び付加価値税（5％）を納付する。	－ 10
3	住宅管理者は所有者の代わりに発生費用（サービス料、他の費用（有する場合））を支払う。	－ 5
4	住宅管理者は所有者に管理費用の支払を要求する（支払形式：住宅管理者が所有者の代わりに受領した賃料から控除する）。	－ 10
5	住宅管理者は受領した賃料を所有者に返却する。	85

（2）外国の個人の住宅賃貸借の手続

　住宅の賃貸取引を実施するために、所有者又は受任者（住宅管理者）は、県級住宅管理機関に住宅賃貸借について通知する手続を実施する。通知内容は：所有者の氏名、賃貸住宅の住所、賃貸期間、賃借住宅の所有権証明書のコピー、賃借住宅の使用目的を含む。

　売主は住宅賃貸借契約の終了時、住宅が所在する県級住宅管理機関に通知書面を送付しなければならない。

■Q&A BOX■　Ⅲ4.5（2）

Q&A（ⅰ）	Q：住宅を賃貸する際、事業登録手続は必要ですか。 A：外国の個人に対しては、不動産事業に該当しない限り、ベトナム法令は事業登録手続（ビジネスパーソン又は個人経営世帯）の実施を求めていません。また、自分が所有する住宅を賃貸するため、不動産事業サービスを運営する企業を設立する必要はありません（「不動産事業法の若干条項の実施細則を定める2015年09月10日付の政令6/2015/NĐ-CP号」5条7項）。

（3）住宅賃貸から生じた収入の海外送金

　外国の個人のベトナムにおける住宅賃貸による収入は、合法的な収入という理由で、住宅賃貸借契約に関する税金納付義務を完了した後、海外送金することができる。

　上記の海外送金の手続は各銀行によって多少異なる。ただし、所有者又は受任者は収入に関する書類を十分に準備し、税金納付義務の終了を証明できれば、海外送金が可能である。

4.6 　　　　　　　　　　　　　　　　　　　　　区分所有権

　共同住宅は、外国の組織・個人が所有できる住宅形態である。前述の項目において、共同住宅を含む住宅の所有権の取得、住宅の売却、住宅売買契約に関する債権・債務の譲渡、住宅の賃貸借契約等を行う際の法制度や、各種類の留意すべき重要な問題点について述べた。本項目は、主に共同住宅（専有部分及び共用部分）を所有する際の、特別に留意する点及び共同住宅の管理、使用に関する問題点に言及する。

（1）共同住宅における専有部分及び共用部分

　共同住宅の専有部分は、以下のものからなる。

ⅰ．アパートに付属するバルコニー、回廊の面積を含むアパート内部の面積

ⅱ．共同住宅の所有者の専有部分として公認された共同住宅内のその他の面

　　積部分

iii．アパートに付属する又は個別所有に属するその他の面積部分に付属する
　　個別使用技術設備システム　　　　　　　　　　　（住宅法100条1項）

留意：所有者は、専有部分に対し包括的な所有権（占用権、使用権、処分権）
を有す。ただし、専有部分の使用は、承認された設計効能、目的に従わなけ
ればならないことに加え、他の所有者の専有部分又は共同住宅の共用部分に
影響を与えてはならない。

共同住宅の共用部分は、以下のものからなる。

i．本条第1項に規定される、個別所有に属する面積部分以外の共同住宅の
　　残りの面積部分、共同住宅の公共生活室

ii．骨組み、柱、耐力壁、外壁、各アパート間の隔壁、床、屋根、テラス、廊
　　下、階段、エレベーター、非常口、ゴミ箱、技術区画、給電、給水、ガス
　　供給システム、通信、放送、放映、排水システム、浄化槽、避雷針、消火
　　器を含む共同住宅内の共同使用空間、耐力構造システム、技術設備及び共
　　同住宅の所有者の専有部分に属しないその他の部分

iii．外部の技術的インフラストラクチャーシステムであるが、当該共同住宅
　　と結びついているもの。ただし、公共目的で使用される、又は承認済みの
　　プロジェクトの内容に従い管理のため国に引き渡され、若しくは不動産事
　　業者に引き渡された技術的インフラストラクチャーシステムを除く。

iv．中庭、庭園、公園及び承認済みの住宅建築投資プロジェクトの内容によ
　　り確定されたその他の施設を含む共同住宅区域内の公共施設で、事業のた
　　めに建築投資されたものでなく、承認済みのプロジェクトの内容に従い国
　　に引き渡さなければならないものでないもの　　　　（住宅法100条2項）

　具体的な住宅売買契約書ごとに、説明書き、リスト、専有部分及び共用部分
に対する項目を表示するための簡単な設計図が付いている。通常、購入者は専
有部分以外に興味を持たないことが多い。しかし、使用する過程において共同
住宅の共用部分に関する紛争等が多いため、契約を結ぶ際に、専有部分及び共
用部分に対する共同住宅所有者の権利を十分に確認する必要がある。

（2）共同住宅内の駐車場

駐車場の所有権及び使用権は、以下の通り確定される。

　ⅰ．共同住宅の所有者、使用者のための自転車、障害者用車両、二輪自動車、
　　　三輪自動車の駐車場は、共同住宅の所有者の共同所有権に属す。共同所有
　　　権に属する駐車場は、共同住宅の会議が選択した組織に管理される。

　ⅱ．自動車の駐車場は、事業者の所有権及び管理権に属す。アパート購入者
　　　は、事業者から駐車場を購入又は賃借することができる。ただし、購入又
　　　は賃借できる駐車場の数は、共同住宅の一戸に当たりについて設計された
　　　駐車台数を超えることはできない。

本項のⅰ、ⅱに規定された駐車場の購入・賃借は、住宅売買契約書及び住宅
買受特約付の賃貸借契約書に併記でき、又は個別契約書を作成して記載するこ
ともできる。駐車場の賃料は、毎月又は定期的に支払われ、駐車場の購入代金
は、各当事者の合意に基づき一回払い、延払い、又は分割払いすることができ
る。駐車場を賃借する場合、運用費用、駐車費用を負担する責任は、各当事者
が合意した駐車場賃貸借契約書の内容に従わなければならない。

また、駐車場を購入する場合、購入者は、法律の規定及び各当事者の合意に
従い運用費用、駐車費用を負担しなければならない。

自動車用の駐車場の購入者が、当該駐車場を譲渡又は賃貸する必要がある場
合、共同住宅の各所有者、当該共同住宅の使用者又は事業者のみに譲渡、賃貸
できる。

（住宅法101条１項、2016年２月15日付のマンションの管理・使用に関する建
設省の通達第02号/2016/TT-BXD）

（3）住宅の売買価格の計算基礎となる使用面積の算定方法

共同住宅の所有者の専有部分の使用面積は、水平投影面積により算定され、ア
パート内部の各部室間の壁の面積、バルコニーの面積、回廊の面積（有する場
合）を含み、住宅の外壁、各アパート間の隔壁の面積、柱がある部分の床面積、
アパート内部の技術区画の面積は算入しない。バルコニーの面積を算定する際
は、床面積全部を算定する。バルコニーに共通の壁がある場合、共通の壁の端

から測定する。 （住宅法101条2項）

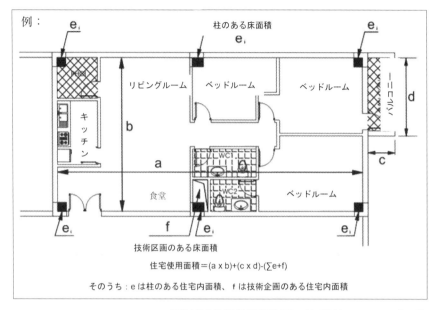

例：

柱のある床面積

リビングルーム　ベッドルーム　ベッドルーム

キッチン

食堂

ベッドルーム

技術区画のある床面積

住宅使用面積＝(a x b)+(c x d)-(∑e+f)

そのうち：e は柱のある住宅内面積、f は技術企画のある住宅内面積

（2014年2月20日付け通達No. 03/2014/TT-BXD1条2項）

注：
ⅰ．本通達は、2016年8月15日まで効力を有するが、現行住宅法に従った水平投影の面積算定方法は、本通達の例の表示の通り現在でも適用されている。
ⅱ．2016年8月15日以前、共同住宅の面積算定方法は、水平投影寸法による算定方法（現行の算定方法）及び壁心寸法による算定方法（2010年9月1日付の通達No.16/2010/TT-BXDより）の二つの方法が存在した。したがって、他の外国の組織・個人から2016年8月15日以前に売買契約を締結して共同住宅の譲渡を受ける場合、使用面積は壁心寸法による算定方法で測定できる（水平投影寸法に基づいた面積より大きい）。これについては注意すべき点となる。

（4）共同住宅の管理及び運用

　共同住宅の管理組織は、共同住宅会議、共同住宅管理委員会及び管理運営組織を含む。住宅プロジェクト開発事業者が共同住宅を引き渡した後、一定の基準を満たした場合には、必ず共同住宅会議を開き、共同住宅管理委員会を選任する必要がある。その後、共同住宅管理委員会は、管理運営組織を選択し、共同住宅の管理、運営契約を締結することとなる。その段階に至った場合、住宅プロジェクト開発事業者は、共同住宅の管理・運営に参入することができなく

なる。しかしながら、事実上、開発事業者が共同住宅の管理・運営に参入する余地が残されている。

共同住宅の管理構造は次の図に示される。

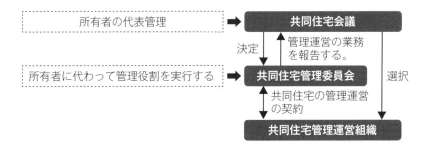

① 共同住宅会議

共同住宅会議には、初回の共同住宅会議、臨時共同住宅会議、年次共同住宅会議（年1回開催）がある。その内、初回の共同住宅会議は、共同住宅プロジェクトの事業者が準備して行うものである。

初回の共同住宅会議は、その共同住宅が引き渡されて使用され、少なくともアパート数の50％（事業者が保持し、販売しないアパート数を含む）が引き渡された日から12か月以内に開催する必要がある。この期間を過ぎ、引き渡されたアパート数が50％未満の場合、共同住宅会議は、引き渡されたアパート数が、共同住宅のアパート数の50％を超えたときに開催される。参加者、参加人数の条件、会議のスケジュール、共同住宅会議で決定された問題に関する情報は、「共同住宅の管理・使用に関する規制を公布する2016年2月15日付の通達02/2016/TT-BXD号」、及び「共同住宅の管理・使用に関する各通達の若干条項の改正・補充に関するする2019年10月31日付の通達06/2019/TT-BXD号」に規定される。

② 共同住宅管理委員会

共同住宅会議の決定によって設立される。共同住宅のアパート数が20室未満の場合又は共同住宅の所有者が一人である場合、共同住宅管理委員会を設置する必要がない。複数所有者の共同住宅管理委員会は、株式会社の取締役会のモデル又は協同組合の理事会のモデルにしたがって編成・運営されており、法人

資格を有し、印鑑が作成され、住宅法にしたがって管理が行われる。共同住宅
会議は、共同住宅管理委員会の管理モデルを選択する。

　規制、運営、権利と責任、運営資金、メンバー資格、通知や承認手続、共同
住宅管理委員会のメンバーの解任、退任に関する問題は、2014年住宅法、「共
同住宅の管理・使用に関する規制を公布する2016年2月15日付の通達
02/2016/TT-BXD号」、「共同住宅の管理・使用に関する各通達の若干条項の改
正・補充に関するする2019年10月31日付の通達06/2019/TT-BXD号」、並び
に通達28/2016/TT-BXD号に規定される。

③　エレベーター付共同住宅

　エレベーター付共同住宅においては、共同住宅管理運営組織を設けることが
義務づけられる。初回の共同住宅会議を開催する前には、事業者が管理や運営
を担当する。初回の共同住宅会議を開催した後、共同住宅会議は共同住宅管理
運営組織を選択する。

　能力条件、管理運営組織の役割、管理運営の契約、運営費などに関する具体
的な問題は、2014年住宅法、「共同住宅の管理・使用に関する規制を公布する
2016年2月15日付の通達02/2016/TT-BXD号」、「共同住宅の管理・使用に関
する各通達の若干条項の改正・補充に関するする2019年10月31日付の通達
06/2019/TT-BXD号」、並びに通達28/2016/TT-BXD号通達No.28/2016/TT-
BXDに明記される。

（5）共同住宅の諸費用

①　共同住宅の管理運営費用

　共同住宅の管理運営費用は、管理運営組織と共同住宅管理委員会の契約に基
づいて決定され、全ての居住者に公表される。初回の共同住宅会議が開催され
なかった場合、共同住宅の管理運営費用は事業者によって決定される。この点
は共同アパート売買契約で明記される。

②　サービス費

　駐車場料金、燃料使用料、電気代、水道料金、テレビサービス、通信の使用
費用及び共同住宅の使用者の使用に資するその他のサービス費である。サービ

ス費は、建物内でサービスを提供する権限を与えられた組織に直接支払われる。

③　共同住宅のメンテナンス経費

共同住宅の所有者は共用部分のメンテナンス経費を拠出する責任を負う。共同住宅の所有権を取得する際の最初のメンテナンス経費は、共同住宅の売買契約に基づくアパートの価値の2％に相当する。この金額は、契約締結時にアパート購入時の購入額に含まれ、共同住宅管理委員会が設立されたときに事業者が共同住宅管理委員会に引き渡す責任を負う。

（6）共同住宅の解体

共同住宅の解体は、住宅法の第8章第2節及び「共同住宅の改築・再築について規定する2015年10月20日付の政令101/2015/NĐ-CP号」に従う。政令101/2015/NĐ-CPには、深刻な被害を受け、倒壊の脅威があり、使用者の安全を確保できない共同住宅を、住宅法の規定にしたがって改築・再築し、そして再定住者に住宅を手配することを明記している。共同住宅の改築・再築に投資するための計画、土地、金融、信用、建設技術に関する政策や仕組みを規定している。

改築・再築のために共同住宅を解体する場合、共同住宅を所有する外国の組織・個人の権利は、基本的にベトナムの組織・個人の権利と同様である。

しかし、いくつかの法律で未だ解決できない問題がある。それは、外国の組織・個人の共同住宅の所有期間は、50年間にもかかわらず、通常、共同住宅の使用期間はこの所有期間よりも短くなる[2]。また、共同住宅の解体と再建が行われる場合、所有者として外国の組織・個人は再建築費用をどのぐらいの割分で出資するか、再建された共同住宅の所有期間の権利はどのように決定されるかなど、未だ解決できない問題がある。

2　プロジェクトの品質によって共同住宅の使用期間は異なる。多くの場合において、共同住宅はわずか30〜40年の使用で劣化するため、解体して改築・再築する必要がある。

■ アップデート情報 ■　III 4.6（6）
共同住宅の所有、使用、運営に関するいくつかの典型的な紛争

　ベトナムにおける共同住宅不動産市場は、2007・2008年から目覚ましい発展を開始した。一連の共同住宅プロジェクトは大都市で建設された。しかし、2014年に住宅法が発効してから、共同住宅の管理と運営の問題は十分に研究され、法によって管理されている（建設省による2008年5月28日付の決定No.08/2008/QD共同住宅の管理と使用に関する規制に関するものだったが、この決定は具体的ではなく実際に施行できていない。）。

　ただし、ベトナムは効果的な共同住宅管理モデルを経験したことがない。事業者の影響が多大なため、共同住宅会議は団結や一致がなく、共同住宅管理委員会は独立性がなく、管理能力もない。そのため、共同住宅の管理・運営は無秩序に行われることが多く、実際には多くの紛争が発生している。

　不動産投資に関する雑誌であるCafeLandが収集したデータによると、2019年の第3四半期の初めまでに、共同住宅の管理・運営に関して全国で460件を超える紛争・苦情があり、この数は共同住宅の総数の約10.3％を占めている。

　以下は、アパート建設紛争のいくつかの例である。

1．事業者が、土地使用権、住宅及び土地に付着するその他の財産の所有権に関する証明書を約束通りに引き渡さず、又は居住者が証明書を申請することができない（事業者が、土地、建設関係の法律に違反し、借入金を銀行に返還できないなどの理由から。）。

2．所有権や共同所有部分の使用に関する紛争：多くの事業者は、共同所有の駐車場を共同住宅会議や管理委員会に引き渡さず、自分で管理して経営する。

3．事業者が、初回の共同住宅会議を開催せず、共同住宅の管理と運営の全ての機能を自ら実行し、管理運営サービス費用を徴収する。

4．事業者は、共同住宅管理委員会の設立後、共同住宅維持資金を共同住宅管理委員会に引き渡さない。

5．共同住宅管理委員会が、共同住宅の所有者の利益のために運営されていない。共同住宅管理委員会は、運営管理会社、メンテナンス会社、サービス供給会社を選択するが、それは経営・運営の質を保証するものではなく、自己の営利を図る目的である。共同住宅管理委員会は、財務管理に関する問題をはっきりとは公開していない。

5 不動産事業法

5.1　　　　　　　　　　　　　　　　　　　　不動産事業法の概要

（1）はじめ

　現行の不動産事業法No.66/2014/QH13は、2014年11月25日国会（第13期第8回会議）で採択され、2015年7月1日施行された。

　不動産事業法は、不動産事業活動、不動産取引を行う組織・個人の権利と義務及び不動産事業の国家管理を規定している。不動産事業法は、国内外の組織・個人に適用される。

（2）不動産事業の活動と範囲

　不動産事業法で定義されている不動産事業活動は、次の4つの主要な活動グループに分けることができる。

　ⅰ．建築、購入、売却目的の不動産の取得又は譲渡

　ⅱ．不動産の賃貸、転貸、買受特約付賃貸

　ⅲ．不動産サービス活動（不動産仲介、不動産取引サービス、不動産コンサルティング）

　ⅳ．不動産管理

　グループⅰ及びⅱの活動は、不動産事業の範囲（内容）にさらに細分化される。

注：不動産事業の活動については、取引の実行方法に応じて分類され、不動産事業の範囲は、取引の対象となる不動産に応じて分類される。

取引の対象となる不動産	不動産事業の範囲
a．既存の住宅、建物	• 売却目的の購入、賃貸、買受特約付賃貸 • 転貸を目的とした賃借
b．国家から割当てられた土地	• 売却、賃貸、買受特約付賃貸を目的とする住宅建設投資 • 土地に関する法令に基づき、分割した土地の地区の譲渡、未だ建設していない土地の売却 • 墓地、墓場等のインフラを建設し、当該インフラ付の土地使用権の譲渡
c．国家から賃貸された土地	• 賃貸用の住宅建設投資 • 住宅以外の売却、賃貸、買受特約付賃貸目的の建設投資
d．国家から土地使用権を公認された土地	売却、賃貸、買受特約付賃貸目的の住宅建設投資
e．組織、世帯、個人から譲渡される土地	
f．組織、世帯、個人から賃借する土地	正しい土地使用目的に従った賃貸目的の住宅、建物の建設投資

他の事業の内容
g．売却、賃貸、購入賃貸目的の住宅・建物の建設を行うために事業者から不動産プロジェクトの全部又は一部を譲受すること。
h．技術インフラストラクチャ建設に投資をし、技術インフラストラクチャを備えた土地の譲渡・賃貸目的として、組織、世帯、個人から土地使用権を譲り受け又は賃借すること。

　外資系企業は、上記の事業範囲のうち、下線の部分のみを事業範囲として行うことができる。工業団地、産業クラスター、輸出加工区、ハイテクパークにおいて賃貸される土地については、土地使用目的の通りに、住宅、建物建設に投資し、不動産事業を行うことができる。

　売却、賃貸、買受特約付賃貸をするための住宅、建物の建設投資を行うため、事業者の不動産プロジェクトの全部又は一部の譲受は、上表のa、b及びcで言及されている不動産プロジェクトに限定されることに注意する必要がある。

（3）事業に含まれる不動産の種類

不動産事業法5条によると、取引される不動産には、⑴住宅、建物、及び⑵土地使用権が含まれる。

さらに⑴の住宅、建物は、（i）既存の住宅、建物、及び（ii）将来形成の住宅、建物に分類される。

将来形成される住宅や建物の概念については、以下の3点に留意する必要がある。

ⅰ．将来形成される不動産、将来形成の住宅を売却、賃貸、購入する場合は、事業者の債務を保証するために、金融機関等による保証が必要となる。

ⅱ．不動産事業法では、将来形成の住宅、建物とは、建設の過程にあり、未だ使用に供するための完了検査を受けていない住宅、建物であると規定されている。この内容は、現在の民法に規定されている将来形成される財産の概念と相違している。

現在の民法では、将来形成される資産には、（i）未だ形成されていない資産、及び（ii）形成されているが所有者が所有権を確定していない資産が含まれる（民法108条）。

不動産事業を行う場合は、現行の不動産事業法の規定が適用される。

ⅲ．土地は、一種の不動産ではあるが、将来の財産とはみなされない（不動産事業法には、将来形成される不動産の概念はなく、将来建設される住宅と建物のみが上記で指定されている。）。

（4）まとめ

不動産事業法に規定している規制範囲と不動産事業活動について、様々な規程がある。しかしながら、本項においては、ベトナムにおける外国投資家の不動産事業活動に関してのみ、ビジネス条件、事業の主体の権利と義務、不動産ビジネスモデル及びビジネス活動に関連するいくつかの注意事項のみを述べる。

さらに、不動産プロジェクト開発の具体的な内容（建設への投資又は住宅の譲受、販売用の建物、賃貸、転貸）については、別の章で説明する（**Ⅳ**）。

5.2　　　　　　　　　　　　　　不動産事業の投資条件

（1）はじめ

　不動産事業は外国投資家（組織及び個人を含む）に対する条件付き経営投資分野・業種の一つで、2021年1月1日施行の投資法（61/2020/QH14）の別表4で規定される条件付経営投資分野・業種に属する。

　しかし、不動産事業を行うための条件は、WTO又は各FTAに規定されておらず、不動産事業に関するベトナム国内の法律に規定される。

（2）不動産事業の範囲

　Ⅲ5.1で述べた通り、不動産事業は次の4つのグループに分けられる。
　ⅰ．建築、購入、売却目的の不動産の取得、譲渡
　ⅱ．不動産賃貸、転貸、買受特約付賃貸
　ⅲ．不動産サービス活動（不動産仲介、不動産取引サービス、不動産コンサルティング）
　ⅳ．不動産管理
　本項目、Ⅲ5.3及びⅢ5.4では、活動グループⅰ．及びⅱ．に関する内容に焦点を当てる。これらは基本的かつ主要な不動産事業である（以下「不動産事業」と言う）。活動グループⅲ．及びⅳ．は、補完的な不動産事業としてⅢ5.5及びⅢ5.6で説明する。

（3）不動産事業の条件

① 一般的な条件

　不動産事業を行うために、組織、個人（投資家）は企業又は合作社を設立しなければならない。すなわち、不動産事業活動に関する取引に参加する主体は組織、世帯、個人であるが、不動産事業活動を直接に行う主体は企業又は合作社でなければならない。

　外国投資家は企業（法人格を有する会社）にのみ投資でき、合作社に投資することができないので、以下は、不動産事業主体が会社である場合のみについ

て言及する。

　外国投資家は単独で又はベトナムの投資家と合弁し、不動産事業会社を設立する方法又は不動産事業会社の株式・持分を購入する方法を通じて、ベトナムで不動産事業活動を行うことができる。

　不動産事業と不動産投資は異なる活動であることに注意しなければならない。不動産事業を行うためには、外国投資家は不動産事業会社を通じて行わなければならない。しかし、不動産投資は投資形態がより幅が広い。外国投資家は、企業の設立又は企業への資本参加に加えて、投資プロジェクトを行う形態又は事業協力契約（BCC）の投資形態を選択することができる。

　投資プロジェクトは、企業を設立せず、個別のプロジェクトを取得する形態である。詳細は、Ⅳに述べるものとする。

■ 情報更新 ■　Ⅲ5.2(3)

　不動産事業を行う組織、個人の一般的な条件に関して、不動産事業法では、不動産事業活動を行う企業・合作社は200億ドンを下回らない法定資本を有さなくてはならないと要求している。しかし、2021年1月1日以降、現行投資法（投資法第61/2020/QH14号）の施行により、法定資本金の条件は削除された。したがって、外国投資家は小規模資本（法定資本金が200億ドン未満）でベトナムの不動産事業に参加することができるようになった。

② 　出資比率の条件

　会社の設立、資本出資、株式又は持分の購入のいずれの形であれ、外国投資家がベトナムにおいて不動産事業を行う際の出資比率に制限はない。

　したがって、外国投資家は、会社設立又は株式・持分の購入により、ベトナムで不動産事業を営む100％外資会社を所有することができる。

③ 　不動産事業の範囲（内容）の条件

　Ⅲ5.1で述べた通り、ベトナムでの外資系企業は、不動産事業の範囲が限られている。したがって、外資系会社は、以下の内容でのみ事業活動をすることができる。

取引の対象となる不動産	不動産事業の範囲
a．住宅、建物	• 転貸目的とする賃借
b．国家から割当された土地	• 売却、賃貸、買受特約付賃貸を目的とする住宅建設投資
c．国家から賃借する土地	• 賃貸目的とする住宅建設投資 • 売却、賃貸、買受特約付賃貸目的の建物建設投資
d．工業団地、工業クラスター、輸出加工区、ハイテクパークにおいて賃借する土地	• 土地使用目的に正しく従った事業を営む目的建物建設投資
他の事業内容について e．売却、賃貸、買受特約付賃貸を目的とする住宅、建物の建設投資を行うため、投資家の不動産プロジェクトの全部又は一部の譲受	

　売却・賃貸・買受特約付賃貸を目的とする住宅、建物の建設投資を行うための投資家による不動産プロジェクトの全部又は一部の譲受は、上記のa．b．c．及びd．のプロジェクトに限定される。

5.3　　　　　不動産事業に関するビジネススキーム、手続

（1）不動産事業の形態

　前節Ⅲ5.2で述べたように、不動産事業を行うためには、外国人投資家は企業を通じて行う必要がある。

　不動産事業を営む企業の所有者となるために、外国人投資家は次の形態のいずれかを選択できる。

企業の新規設立 （不動産事業を営む 企業の設立）	1. 100%外資資本による不動産事業を営む企業の設立
	2. 国内投資家との合弁事業により不動産事業を営む企業の設立
既存企業への出資 （株式、拠出資本の 購入）	1. 既存の株主・メンバーの株式・資本拠出の購入
	2. 新しい株式又は資本拠出を発行し購入するか、新しいメンバーを追加すること

（2）企業の新規設立

不動産事業を営む企業の設立は、100%外国投資資本又は国内投資家との合弁事業で行うことができる。

① 企業形態

不動産事業を営む企業の業種に制限はない。ただし、国内投資家は、望ましい管理モデルと所有者の数に基づいて、設立する予定の会社の種類を自由に選択できる。外国投資家が不動産事業を営む企業を設立する場合、一人有限責任会社、二人以上社員有限責任会社、株式会社の3つの会社のいずれかでのみ設立できる。

3つの会社の基本的な違いを以下の表に示す。

比較 特性	有限責任会社		株式会社
	一人社員 有限責任会社	二人以上 社員有限責任会社	
株主・ 社員	1人（組織又は個人）	2人から50人まで（組織又は個人）	株主の員数は3人以上、最大数はなし（組織又は個人）
資金調 達方法	• 資本（所有者の出資） • 借入資本	• 資本（社員の出資） • 借入資本	• 資本（株主の出資） • 借入資本 • 社債発行

管理者	● 社員総会の会長、社員総会（社員総会を有する会社の場合） ● 会社の会長（社員総会を有さない会社の場合） ● 社長又は総社長 ● 会社定款の規定に従い、会社を代表し、契約締結や取引を行う権限を有する、その他の管理職の地位にある個人	● 社員総会の会長、社員総会 ● 社長又は総社長 ● 会社定款の規定に従い、会社を代表し、契約締結や取引を行う権限を有する、その他の管理職の地位にある個人	● 取締役会の会長、取締役 ● 社長又は総社長 ● 会社定款の規定に従い、会社を代表し、契約締結や取引を行う権限を有する、その他の管理職の地位にある個人
法定代表者	一人又は複数の法定代表者を有することができる。	一人又は複数の法定代表者を有することができる。	一人又は複数の法定代表者を有することができる。
資本・株式の譲渡	持分譲渡：会社の所有者は、資本金の全部又は一部を譲渡する権利を有する。 資本金の一部を他の1つ以上の組織又は個人に譲渡する場合、又は会社が新社員を認める場合、会社はそれぞれの種類の企業に応じて経営を組織する必要がある。	持分譲渡：二人以上社員有限責任会社の社員は、以下の規定にしたがって、自己の持分の一部又は全部を他人に譲渡する権利を有する。 a）残りの各社員に対し、会社における持分に応じた割合で、同一の売却条件により持分の売却を申し出る。 b）売却を申し出た日から30日以内に、会社の残りの各社員が購入しない、又は全部購入しないときに、社員でない者に対し、上記a）に規定する各社員に対する売却の申出と同一の条件で譲渡する。	株式譲渡：企業登記証明書の発給を受けた日から3年以内の間、発起株主の株式は、他の発起株主に自由に譲渡できるが、発起株主でない者に譲渡できるのは株主総会の承認を得た場合のみである。

管理モデル	• 組織が所有する場合：次の2つのモデルのいずれかで管理及び運用される。 ▶会社の会長、社長又は総社長 ▶社員総会、社長又は総社長 • 個人が所有する場合には、会社の会長、社長又は総社長になる。	社員総会、社員総会の会長、社長又は総社長	• 株式会社は、次の2つのモデルのいずれかで管理及び運用される。 ▶株主総会、取締役会、監査役会、社長又は総社長 ▶株主総会、取締役会、社長又は総社長

注：公開株式会社の管理モデルは、証券法及び関連法に準拠する。

　国内の不動産事業を営む企業については、出資者から資金を調達する必要があるため株式会社の形態をとる場合が多数を占める。大規模な不動産事業を営む企業グループが数多くあり、不動産事業を全国規模で行っている。外資系企業の場合、企業形態としては、有限責任会社（具体的には一人社員有限責任会社）が多数を占める。

② 投資手続

　不動産事業を営む企業の設立目的の投資は、投資法や企業法で定められた通常の企業設立手続と同様である。企業の設立は、いくつかの基本的な手順にしたがって行われる。ベトナムの行政手続は、変更や追加の頻度が高いため、手続を実施する前に、手続の実施が迅速になるように現在の規制を確認することが望ましい。

ステップ1：投資の準備

　　投資決定を行った後、投資家はライセンス手続を実行する前に次の業務を実行する必要がある。

　ⅰ．合弁契約・株主契約・株主合意（もしあれば）に署名する。

　ⅱ．企業のオフィスの賃貸借契約書に署名する。

　　注：実際の手順は、完了するまでに最大2か月かかる場合もある。したがって、オフィス賃料の発生を回避するために、投資家は、必ずしも賃貸借契約を締結するのではなく、手続に応じるための基本契約を締結すればよい。

iii．投資登録証明書の申請書類を作成する。具体的な書類はステップ2に示す。

ステップ2：投資登録証明書の申請

a．必要な書類

順	書類の名	要　求
1	プロジェクト実施の提案書類	——
2	投資プロジェクト提案	——
3	設立証明書又は同等の文書のコピー及び組織の法定代理人のIDカード・パスポートのコピー（組織投資家向け）あるいはIDカード、パスポートのコピー（個人投資家向け）	設立証明書又は同等の文書は、領事認証を行う必要がある。
4	最近2年間の投資家の財務諸表のコピー、又は財政支援への書類投資家の財務能力・実務経験に関する注記及び投資家の銀行口座残高を確認する抜粋計算書	最近2年間の投資家の財務諸表と銀行の口座残高の確認書は領事認証を行う必要がある。
5	プロジェクトを実施する予定場所の賃貸基本契約書の写し	コピー版
6	a．賃貸人の土地使用権、住宅及び土地に付着するその他の財産の所有権に関する証明書b．賃貸人の事業登録証明書（不動産事業内容が含まれている必要がある）c．建築許可（プロジェクト場所が建築物にある場合は必須）	コピー版
7	提出する人に対する委任状	——

b．書類提出の手順

　投資家は、まずhttp://fdi.gov.vn又はhttp://dautunuocngoai.gov.vnで投資プロジェクトに関する情報をオンラインで申告する必要がある。その後、パスワードのあるオンライン情報の申告確認書の発行を受け、それをもって、計画投資部門に紙での書類を提出することになる。ただし、オンライン情報の申告を行う前に、上記のポータルサイトに外国投資家のアカウン

トを開設しなければならない。今後投資活動の報告提出や、投資プロジェクトに関する情報を更新した際に、このアカウントを使用しなければならないため、必ずアカウントのログインIDやパスワードを保管しなければならない。

c．手順の時間

不動産事業は、投資法に基づく条件付き事業であり、WTOの市場開放のコミットメントには関与していない。ただし、外国投資家の投資条件は不動産事業法に定められている。したがって、不動産事業を行うための投資登録証明書を取得する際に、不動産関係を管理する専門の国家機関に意見を照会する必要がない。ただし、実際の一部の地方には、投資登録証明書を発行する前に、不動産関係を管理する専門の国家機関の意見を待つように要求している。

不動産関係を管理する専門の国家機関の意見を照会する必要がない場合には、手続を完了するまでの時間は、有効な書類が受領された日から15営業日である。

不動産関係を管理する専門の国家機関の意見を照会する必要ある場合、有効な書類が受領された日から約30〜45営業日かかる場合もある。

ステップ3：事業登録証明書の申請

　以下は、組織が所有する一人有限責任会社の事業登録証明書を申請する手順である。

　a．必要な書類

順	書類の名前	注
1	事業登録証明書	——
2	会社の定款	——
3	委任代表者リスト	——
4	委任代表者の委任状	——
5	所有者のパスポート（個人である場合）、所有者の企業登録証明書（会社である場合）	企業登録証明書は、領事認証取得が必要である。
6	委任代表者のパスポート 法定代表者のパスポート	——
7	投資登録証明書	コピー版

　b．書類提出の手順

　https://dangkykinhdoanh.gov.vn のポータルサイトでスキャンした書類を提出する。書類の受領と処理に関する全ての情報は、そのポータルサイトに開示される。また、オンラインで書類等を提出する前に登録用のアカウントを開設する必要があり、今後事業登録に関する情報を更新した際に、同じアカウントを使用しなければならないため、必ずアカウントのログインIDやパスワードを保管しなければならない。念のため、この企業登録用のアカウントと前記の外国投資家用のアカウントは異なるものである。

　c．手続の期間

　上記のオンラインで受理した確認文書を発行した日から3営業日となる。

ステップ4：企業設立後のその他の手続

　投資登録証明書、事業登録証明書が付与された後、不動産会社は、印鑑の作成、税金の申告と支払い、外国人労働者の登録などの次の手続を実行する。

■ 更新された情報 ■　Ⅲ5.3(2)

【国内投資家と合弁で不動産事業企業を設立する際の注意事項】

　多くの外国投資家は、不動産事業における市場アクセスの制限やベトナムの不動産関連の政策、法律に対する懸念から、国内投資家と合弁企業を設立して不動産事業を営むことを選択している。

　国内企業との合弁事業は、当然、国内企業の資源を活用し、市場に迅速にアクセスできるという利点がある。ただし、国内企業との合弁事業を行う場合は、以下の点に特に注意する必要がある。

　ⅰ．合弁事業の決定を行う前に、相手の情報を十分に調査すること

　ⅱ．相手から提供された情報を確認するには、資格のある信頼できる第三者を選択すること

　ⅲ．相手が現物で資本を提供する場合（土地使用権又はのれん）、厳格かつ完全な法的レビューを実施する必要がある。

　ⅳ．相手が現物での資本拠出を行う場合の、相手の拠出資本の正確な評価

　ⅴ．事業を営むすべての権利を相手に譲渡しないほうがよい。

（3）既存企業への出資

　不動産事業の既存企業への出資は、①発行済みの株式（株式会社）又は持分（有限責任会社）の購入、又は②新たに発行される株式又は持分への追加出資の2つの形態で行うことができる。

　不動産事業の既存企業への出資は、投資法及び企業法で定められている通常の事業を行う既存企業への出資手続と同様である。以下に、いくつかの基本的な手順を示す。ベトナムの行政手続は、変更や追加の頻度が高いため、手続を実施する前に、手続の実施が迅速になるように現在の規制を確認することが望ましい。

ステップ1：投資の準備

　投資決定を行った後、投資家はライセンス手続を実行する前に次の業務を実行する必要がある。

　ⅰ．株式・持分を購入する予定の不動産企業について法的レビューをする。

　ⅱ．株式・持分の譲渡契約の締結

　ⅲ．外国投資家の持分・株式の購入、又は出資の登録目的の書類の準備。具体的な種類はステップ2を参照

ステップ2：出資、外国人投資家の持分・株式の購入目的の登録書類

a．必要な書類

順	書類の名前	要求
1	出資、外国投資家の持分・株式の購入の登録書類	——
2	設立証明書又は同等の書類のコピー（組織投資家の場合）、IDカード又はパスポートのコピー（個人投資家の場合）	設立証明書又は同等の文書は、領事認証取得が必要である。
3	既存会社のIRC、ERCの写し	——
4	投資家と既存会社、若しくは投資家と既存会社の既存社員・株主との間の持分・株式の購入に関する基本契約	——
5	既存企業の土地登録証明書（国防、国境、島等の地域における土地使用権を有する場合）	——
6	書類の提出者への委任状	——

b．提出の手順

　　(2) ②ステップ2 bと同じ。

c．手順の時間

　　(2) ②ステップ2 cと同じ。

ステップ3：株主情報を株主登録簿に記録し、投資登録証明書の内容、及び事業登録に関連する情報を変更する。

　　持分・株式の購入又は出資の登録手続を行った後、外国投資家から出資を受ける不動産企業は、以下の手続に従う必要がある。

ⅰ．新しい株主情報を株主登録簿に記録する。

ⅱ．外国投資家の出資、資本構成の変更及び資本源（有する場合）の事業登録ポータルでの通知

ⅲ．投資登録証明書の変更（不動産企業が投資登録証明書を所有している場合）

（1）概　要

民法によれば、不動産とは、一般的に土地・住宅・土地付着建物及び土地・住宅・建物のその他の付着財産を含む。この不動産を不動産事業に回せば、不動産事業法により、①既存不動産及び②将来形成不動産に分類される。

民法の規定（2015年民法108条）により、既存不動産及び将来形成不動産は、財産に対する所有権及びその他の権利の確立時点によって区別される。既存財産（既存不動産を含む）は既に形成されて、主体が取引前あるいは取引時に、既に所有権・その他の権利が生じている財産である。将来形成財産（将来形成不動産を含む）は、未だ形成されていない財産及び、財産として形成されているが主体が取引した後に財産に対する所有権を確立する財産、という2つの種類に分類される。

しかし、上記の民法の概念は参考にはなるが、不動産事業を行う際の既存不動産及び将来形成不動産を区別するために使用することはできない。不動産事業法は、既存不動産及び将来形成不動産を定義しておらず、既存住宅・建物及び将来形成住宅・建物という概念が用いられている。そのうち、既存住宅・建物は、建設の完了検査を受けた住宅・建物である。将来形成住宅・建物は建設中で、未だ使用するための完了検査を受けていないものを指す。このように、この2種類の住宅・建物を区別する基準は、建設完了後の完了検査を受けたか否かによる。

要するに、事業の対象となる既存不動産は、土地使用権・住宅・土地付着建物、及び土地・住宅・建物のその他の付着財産を含む。そのうち、住宅・建物は、建設が完了され、使用されていることが必要となる。事業の対象となる将来形成不動産は、住宅・土地付着建物、及び土地・建設過程にあり、未だ使用目的としての完了検査を受けていない住宅・建物のその他の付着財産を含むが、土地使用権は含まない。

（2）既存不動産に対する事業条件

①　土地使用権

不動産事業用土地使用権は以下の条件を満たす必要がある。

ⅰ．土地使用権、住宅及び土地に付着するその他の財産の所有権に関する証明書がある。

ⅱ．土地に関する紛争がない。

ⅲ．判決執行担保のための差し押さえがない。

ⅳ．土地使用期間内である。

ⅴ．その他の注意

　　上記の条件に加えて、不動産を事業対象とする際には、土地使用権が抵当に入れられているか、第三者との取引が制限されているか、又は他の目的に使用される計画があるかなどの点をチェックしなければならない。

②　住宅、土地付着建物

事業用住宅、建物は、以下の条件を満たす必要がある。

ⅰ．土地使用権に関する書類において、住宅・土地付着建物の所有権の登記を有する。不動産事業投資プロジェクトにおける既存住宅・建物については、土地に関する法令の規定に従った土地使用権についての証明書類を有することのみを必要とする。

ⅱ．土地使用権、住宅、土地付着建物の所有権に関して紛争がない。

ⅲ．判決執行担保のための差押えがない。

（3）将来形成不動産に対する事業条件

　現行の不動産事業法により、不動産事業投資プロジェクトの事業者は、将来形成住宅・建物を販売、賃貸、買受特約付賃貸の権利を有する。事業用目的としての将来形成不動産は、以下の条件を満たす必要がある。

ⅰ．土地使用権に関する書類、プロジェクトのプロファイル、権限を有する国家機関に承認された施行計画図、建設許可書が必要な場合は建設許可書、プロジェクト進度に相応する技術インフラストラクチャ完成の検査受領に

関する文書を有する。将来形成の共同住宅、複合用途の建築物の場合、その住宅の基礎部分が完成済みであることの検査受領報告書を有する。

ⅱ．将来形成住宅の販売、買受特約付賃貸の前に、事業者は、省級の住宅管理機関に対して、住宅が販売、買受特約付賃貸が可能な条件を満たしたことに関して、文書で通知しなければならない。

通知を受けた日から15日以内に、省級住宅管理機関は事業者に対して、販売，買受特約付の賃貸の条件を満たした住宅に関して、文書で回答する責任を有する。条件を満たしていない場合、理由を明確にしなければならない。

5.5 不動産のサービス業

（1）不動産のサービス業への進出状況

ベトナムの不動産市場の拡大に伴い、不動産事業者が著しく増加している。2020年6月27日に、ベトナムの不動産市場の管理・開発における仲介業務の役割に関するセミナーにおいて、ベトナム不動産仲介協会が発表したデータによると、ベトナムには約15,000の不動産企業、1,200の不動産取引所、400万を超える不動産ブローカーが存在する。

大規模で評判の良い不動産サービス企業は、ほぼハイエンド又は事業者による新築建物を売却する不動産セグメントに集点を当てている。現在、これらの企業は主に国内企業で、ほとんどが不動産事業者により設立及び経営されている。不動産事業者は自社が開発した不動産の売却及び管理を目的として不動産サービス企業を設立している。

一方、住宅用不動産及び事業者から引渡済み住宅の取引は、ほぼ、小規模不動産サービス企業又は個人のブローカーを通じて行われる。

外国投資家の場合は、不動産市場への参入は大きく遅れているが（2005年頃に外国投資家は、不動産サービスへの投資・運営に関心を持ちはじめ、2015年頃から彼らの活動が活発になってきている）、これまでアメリカ、イギリス、シンガポール等の国々から多くの大型企業が進出した。外資系不動産サービス企

業は、通常、高級不動産市場に焦点を当てているか、外国投資家、外資企業・ベトナムに居住する外国人を顧客対象としている。

　現在、不動産サービスへの投資を行うために業務上の拠点を置く日本人投資家が多数いる。しかし日系企業は、主に不動産仲介活動に集中しており、他の不動産のサービス分野は、未だ日本からの投資を効果的に集めていない。

（2）不動産のサービス業への進出条件

　不動産事業法の規定に基づき、組織・個人を含む外国投資家は次のサービスを運営することができる。それは、不動産仲介、不動産取引所、不動産相談、不動産管理に及ぶ。

　上記の不動産サービス事業を設立するにあたり、外国投資家の資本出資比率に制限はない。

（3）不動産サービス活動の内容

　不動産サービス活動の内容は、以下の表に従い区別される。

活動内容	仲介	不動産取引所	相談	管理
不動産を取引する顧客を探す。	✓			
不動産取引の手続に関する業務を代理で実施する。	✓			
当事者の情報交換、交渉及び契約締結を目的として仲介する。	✓	✓		
不動産取引を実施する。		✓		
取引需要がある取引の当事者に対して不動産に関する情報を紹介、開示、共有する。		✓		
取引条件を満たすことを保証するために不動産の書類を検査する。		✓		
不動産の相談（法律相談、不動産取得、経営投資の相談、不動産経営の相談、不動産価格の相談、不動産取引契約の相談）			✓	

不動産所有者の委託に従い不動産の管理、開発及び処理に関する活動の一部又は全部を実施する。				✓

注記　不動産取引は、不動産の売買、譲渡、賃貸、転貸、買受特約付賃貸を含む。

（4）不動産仲介サービス

① 不動産仲介サービスを運営する組織・個人の条件

　不動産事業法に基づき、不動産仲介サービスを運営する組織・個人は企業を設立しなければならず、不動産仲介実務証明書を有する者が少なくとも2人いなければならない。ただし、独立して不動産仲介サービスを行う個人は不動産仲介実務証明書を有し、租税に関する法令に従い租税納入登録を行えば足りる。

　不動産仲介実務証明書を取得するために、以下の条件を満たす必要がある。

　ⅰ．十分な民事行為能力を有する。

　ⅱ．高校卒業以上の資格を有する。

　ⅲ．不動産仲介に関する試験に合格している。

　不動産仲介知識試験は、建設局及び建設局により試験を行う権限を与えられた機関により毎年開催される。

　不動産仲介実務証明書を付与される対象には外国人が含まれる。外国人がベトナム語を解せない場合、受験中に通訳を使用することができる。

② 仲介の報酬及び手数料

　仲介を行う際、仲介者は顧客から報酬を得ることができる。報酬は顧客と第三者の間の取引の結果によらない固定代金である。報酬に加え、仲介者は仲介手数料を得ることもできる。手数料は、顧客と第三者の間の契約・取引が成立したときの業務結果による報酬（成功報酬）である。

　報酬及び手数料は当事者により仲介契約で合意される。

　ベトナム不動産仲介協会の統計データによれば、現在全国の不動産ブローカーの数は約40万人である。しかし、不動産仲介実務証明書を付与されたブローカーは、実際に活動している不動産ブローカーの数の10％に満たない。

　ブローカーの質も懸念すべき事項である。正式な研修やソフトスキルの欠如により、ブローカーの活動は適切ではなく、不正競争の状況にある。特に、ブローカーの不十分で不正確な情報提供の問題で、不動産取引の参加者のブローカーへの信頼は徐々に失われつつある。

（5）不動産取引所

①　不動産取引所の設立条件

　不動産取引所を運営する個人・組織は企業を設立しなければならない。不動産取引所を運営する企業は不動産仲介実務証明書を持つ者を少なくとも2名有さなければならない。なかでも、不動産取引所の管理者・運営者は、不動産取引実務証明書を有さなければならない。

　不動産取引所は、活動規則、名称、住所、活動要求に応える物的基盤・技術を有さなければならない。

②　稼働の通知

　取引所を設立した後、取引所を設立した企業は、取引所が運営されている省、中央直轄市の建設局又は住宅・不動産市場管理庁に取引所の情報を提供する。各建設局、住宅・不動産市場管理庁は、管理の目的で、取引所を設立した企業から提供された情報を当機関のポータルサイトに公開する義務がある。提供される情報は以下の通り。

　　ⅰ．取引所を設立した企業名、企業代表者の名前、企業の連絡先
　　ⅱ．取引所名、取引所設立日、取引所の場所、取引所の電話番号、取引所の管理・運営者の氏名

（6）不動産に関するコンサルティング

　不動産のコンサルティング事業を行うため、組織・個人は企業を設立しなければならない。不動産のコンサルティングの事業内容は以下のものを含む。

ⅰ．不動産に関する法律のコンサルティング

ⅱ．不動産創業、経営投資のコンサルティング

ⅲ．不動産に関するファイナンスコンサルティング

ⅳ．不動産の価値評価に関するコンサルティング

ⅴ．不動産の売買、譲渡、賃貸、転貸、買受特約付賃貸の契約の相談

　相談の内容、範囲、各当事者の権利・義務、不動産相談サービス料は各当事者により契約において合意される。

5.6　　　　　　　　　　　　　　　　　　　　　　　　　不動産の管理業

（1）不動産の管理業への進出

　不動産管理は2006年の不動産事業法により詳細に規定された不動産サービスの1つである。ただし、不動産管理は、不動産市場の発展に比べて遅れている。不動産管理のニーズが明らかになったのは、大量の住宅プロジェクト、賃貸オフィスビル、ショッピングセンター、新しい市街地などの運用を開始した後であった。不動産の価値と不動産の流動性を高めるために、不動産管理の専門家が必要とされた。

　不動産管理の分野に関しては、2000年代初頭以来、外国の不動産管理企業、特に英国、米国、シンガポールの有名企業がほとんどのオフィスビル、高級アパート、外資系ショッピングセンターの管理において非常に大きなシェアを占めている。しかし、過去5年から7年の間に、ベトナムの国内投資家は、自ら投資して開発した不動産の管理についてもニーズが発生してきており、この事業に興味を示し始めている。現在、ベトナム国内の不動産事業は揺籃期を脱しつつあるが、不動産管理事業の付加価値はあまり魅力的ではない。また、国内企業は市場のニーズを満たすための経験と専門性をあまり持っていない。

　ベトナムにおける不動産管理の分野は、潜在力と多くのビジネスチャンスがある分野だといえる。海外からの直接投資に加えて、ベトナム企業へのビジネスノウハウの移転は、ベトナムにおけるこの産業の基盤と長期的な発展にとっても非常に重要である。

（2）不動産の管理業への進出条件

　現行不動産事業法の規定では、不動産管理サービス事業を営む組織・個人は企業を設立しなければならない。不動産管理サービス事業の内容は以下の通りである。

- ⅰ．住宅・建物所有者又は土地使用権者からの委任に従った不動産の売却、譲渡、賃貸、転貸、買受特約付賃貸
- ⅱ．不動産の通常の機能を維持することを保証できるサービスの提供
- ⅲ．不動産の維持、修繕
- ⅳ．顧客の不動産の開発・使用が契約に基づいているかについての管理、監察
- ⅴ．住宅・建物の所有者又は土地使用権者の委任に従った、顧客、国家に対する権利及び義務の実施

（3）共同住宅の管理運営サービス

　共同住宅、住宅を含む複合建物（以下、「共同住宅」という。）の管理サービス事業を営む場合は、不動産事業法の規定以外に、住宅に関する法令の規定を全て満たさなければならない。したがって、共同住宅の管理運営サービスを営むために、企業は、以下の要件を満たす必要がある。

- ⅰ．企業法又は合作社法の規定にしたがって設立・活動し、共同住宅の管理運営スキルを有すること
- ⅱ．エンジニアリング、サービス、セキュリティ、衛生、環境の部門を含み、共同住宅の運営管理の専門部門を有すること
- ⅲ．（建設、電気工学、水道、防火、共同住宅に関連する機器の操作の分野を含む）住宅管理運営に関する要件を満たす必要があり、建設大臣の規定に沿う共同住宅の管理運営に関する専門知識の訓練と育成の証明書を有すること

　上記の要件を満たした上で、管理運営組織は、本社所在地における建設局（以下、「建設局」という。）又は住宅・不動産市場管理庁に対して、氏名、所在地、電話番号が記載されている書面及び上記の要件を満たしたことを証明する書類

の認証済みコピーを提出する必要がある。書類審査により要件を満たしたと認められた場合には、建設局又は住宅・不動産市場管理庁は自己のウェブサイト上において情報を公開する。

　共同住宅の管理運営には以下の業務を含む。

　ⅰ．エレベーターシステム、ウォーター・ポンプ、発電機、自動火災警報システム、消防システム、消火器、予備設備及び団地と共同住宅の共用部分に属する他の設備の操作、運用の維持、定期的なメンテナンス

　ⅱ．環境保護・衛生、廃棄物収集、フラワーガーデンと観賞植物の管理、昆虫駆除のサービス及び共同住宅の維持・活用を保証するための他のサービスの提供

　ⅲ．その他の関連業務

〈サービス提供契約書〉

　詳細な仕事の項目は、共同住宅の管理委員会と管理運営組織との間で締結された共同住宅の管理運営サービス提供契約書によって定められるものとする。

　共同住宅の管理運営サービスの契約書は、以下の内容を含む。

　ⅰ．契約締結をする代表者の氏名、住所

　ⅱ．管理運営する必要がある共同所有部分に属する共同住宅の内外部の部分の規模、面積

　ⅲ．管理運営サービスの品質、量、時間、提供場所についての内容及び要求、サービスの対象面積の平方メートル（㎡）単位で計算した管理運営サービスの価格、費用の支払方法

　ⅳ．サービス契約の実施期限

　ⅴ．契約終了の場合

　ⅵ．当事者らの権利・義務、当事者らの協力責任、契約の内容についての紛争処理

　ⅶ．その他の合意

　ⅷ．契約の有効期限・有効条件など

■ 情報更新 ■ Ⅲ 5.6（3）

　ベトナムの不動産専門家は、不動産物件数の増加に伴い、今後、不動産管理サービス提供者の間での競争が、より活発化すると予測している。したがって、国内企業は不動産管理運用のスキルを専門化し、向上させる必要がある。

　国内企業と比較して、外国の不動産管理会社は、ブランド名、経験、専門性については明らかな利点を持っている。ただし、価格の面では、外国人の人材コストが高いため、外国の不動産管理企業は高級物件にのみ適している。

　一方、中級物件は大きな割合を占めており、専門的な管理者を見つける必要性が常にある。将来的に、ベトナム市場は、先端技術の効果的な活用を通じて管理コストの削減と、中級不動産市場での国際管理者の利用を期待している。これは反面で、国内企業にとっての競争相手の増加、国内企業のサービスの品質向上と改善を強いることになる。

IV

不動産プロジェクト
取得に関する法制度

1 総　論

（1）はじめに

　前章において述べたように、外国投資家がベトナムの不動産投資市場に参入するためには、不動産への投資を直接行う（以下、「不動産への投資」という。）か又は外資系企業を通じて不動産事業又は不動産サービス業を行う（本章では、「現地法人不動産事業」という。）か、という2つの方法から選択することができる。

　不動産への投資と現地法人不動産事業の区別については、ベトナム法上明確な規定がないが、実務運用から見れば、次のように区別することができる。

　不動産への投資は、個人又は法人を問わず、1つ又は複数の不動産プロジェクト・不動産事業（以下、合わせて「不動産プロジェクト」という。）に資本を入れる形で、利益の分配を目指すが、必ずしも不動産プロジェクトを保有し、経営することを目指すわけではない。一方、現地法人不動産事業は、現地法人を設立することにより、1つ又は複数の不動産プロジェクトを保有し、経営する。つまり、不動産への投資は、現地法人の設立を通じなくても、ベトナムで不動産から利益を取得することができる。

　本章では、ベトナムにおいて現地法人を設立せずに、不動産プロジェクトの一部又は全部を取得して不動産への投資を行うための法制度について述べる。

　Ⅲ5.3（不動産事業に関するビジネススキーム、手続）では、ベトナムにおいて不動産プロジェクトの一部又は全部を取得するための伝統的な取得方法を述べた。すなわち、不動産事業会社の株式・持分を取得することにより、当該会社が保有する不動産プロジェクトを取得する方法である。

　本章では、Ⅲ5.3に述べた方法の他、投資法をはじめその他特別法に定める投資形態を組み合わせたものを述べるものとする。すなわち、本章に述べる投資のスキームは、投資法から離れるものではなく、投資法に定める投資形態を基に、工夫したものである。そのため、まず、ベトナムの現行投資法に定める

純粋な投資形態について述べる。

（2）投資法上の投資形態

ベトナム現行投資法には、以下の投資形態が定められる。

ⅰ．経済組織（現地法人）の設立

ⅱ．追加出資・持分購入・株式購入による投資

ⅲ．投資プロジェクトの実施

ⅳ．事業協力契約（BCC 契約）方式による投資

ⅴ．政府により規定される新しい投資形態、経済組織の種類

この現行投資法に定める投資形態の内、ⅴの政府により規定される新しい投資形態、経済組織の種類は、現行投資法の成立から現在までのところ、政府により特別に定める投資形態や経済組織の実例がない。

また、投資プロジェクトの実施及び事業協力契約（BCC 契約）方式による投資は、外国投資家に馴染みのない投資形態であると思われる。以下、本章のⅣ.2及びⅣ.3にそれぞれの投資形態の投資法に定める規定を紹介する。

（3）本章の主な内容

本章では、不動産プロジェクトを取得するための法的なスキームを紹介する他、不動産事業、不動産プロジェクトを実施するために必要な資金調達関係の法制度、融資契約の規定、また資金調達する際に発生する可能性のある不動産担保制度も併せて述べるものとする。ただし、資金調達に関する法制度、動産担保制度については、本章に必要な範囲にとどまらず、ベトナムに進出する際に必要な一般的な知識や法規定も紹介する。

2 投資プロジェクトの実施について

（1）概　要

　投資プロジェクトの実施という投資形態は、現行投資法（2021年1月1日施行）に新しく定められたものである。この投資形態は、現地法人を設立せず、ベトナムでの投資プロジェクトの承認を取得するという形態である。したがって、大きく分けると二つのパターンがあり、①外国投資家が現地の外資系企業を設立する前に、投資プロジェクトの承認を取得するパターンと、②既に設立したベトナムでの外資系企業が事業者として投資プロジェクトの承認を取得するパターンである。

　外国投資家は、初めてベトナムでの現地法人を設立する場合においても、当該現地法人の設立を一つの投資プロジェクトとしてまず投資登録証明書（IRC）を取得する必要がある。ただし、ここに述べる投資プロジェクトの承認は、現地法人の設立という投資プロジェクトは含まれていない。

（2）外資系企業を設立せず、投資プロジェクトを取得するパターン

> 　外国投資家が現地の外資系企業を設立する前に、投資プロジェクトの承認を取得するパターンについて

　外国投資家がベトナムで投資プロジェクト（エネルギープロジェクト、不動産事業プロジェクト、インフラ建設プロジェクト等）を実施する直接的な方法は、まず現地法人を設立し、その後で投資プロジェクトを現地法人の名義で取得することである。

　しかし、エネルギープロジェクト、不動産事業プロジェクト、インフラ建設プロジェクト等の大規模な投資プロジェクトは、申請しても必ず取得できるわけではない。また、取得するまで数年かかるケースも多い。そのため、投資プロジェクトを取得する前に現地法人を設立すれば、プロジェクトが取得できな

い場合に当該現地法人の閉鎖手続が発生したり、プロジェクトを取得するまで長期にわたり現地法人の運営コストが発生したりするなど、大きなデメリットがある。

このようなデメリットを回避するために、まず投資プロジェクトを申請し、プロジェクトの承認を取得できる段階で現地法人を設立するという、投資形態を利用する場合が多くある。この場合、同時並行で複数の投資プロジェクトを申請することが可能である。

イメージとして、以下の図になる。

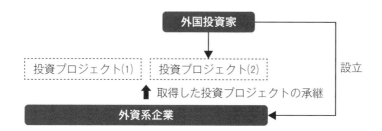

（3）現地の外資系企業の名義でプロジェクトを取得するパターン

> ベトナムで既に設立した外資系企業が事業者として投資プロジェクトの承認を取得するパターンについて

外国投資家が設立した外資系企業は、以下のいずれかに該当すれば、外国投資家と同じように取り扱う。

　ⅰ．外国投資家が定款資本の50%を超えて保有する法人

　ⅱ．上記ⅰが規定する法人が定款資本の50%を超えて保有する法人

　ⅲ．外国投資家及び上記ⅰが規定する法人が定款資本の50%を超えて保有する法人

　ⅰ、ⅱ及びⅲを、合わせて「外資系企業」という。

そのため、上記の外資系企業は、投資プロジェクトの事業者としてベトナムでの投資プロジェクトを取得するためには、本来なら外国投資家と同じく、取得する投資プロジェクトを実施するために子会社を設立する必要がある。

しかし、そうすると、外資系企業の負担が多く、それぞれの投資プロジェクトを実施するための子会社の運営に関するコストも発生するため、投資プロジェクトの実施という投資形態ができたのである。これにより、外資系企業は、新たな投資プロジェクトを取得する際に、子会社の設立が必要なく、取得する投資プロジェクトの全部が、外資系企業の本店に所属できるようになった（もちろん外資系企業の判断により、それぞれの投資プロジェクトを実施し、管理するためには、別々の子会社を設立したい場合には、設立してもよい）。

3 BCC契約（事業協力契約）方式による投資形態

（1）BCC契約を選定する理由

　BCC契約とは、外資系企業を設立せずに法令の規定に従って事業協力を行い、利益又は製品を分配するために各投資家との間で締結される契約をいう。BCC契約の当事者は事業や投資プロジェクトを共同で行うために現金出資やその他の現物出資を行うことにより、パートナーシップ関係を作る。

　BCC契約は新法人の設立に至らないため、BCC契約当事者のいずれかは、BCCが実施する事業・プロジェクトについて、国家機関を含むすべての第三者に対してBCC契約の代表者として責任を負い、名義者となる必要がある（以下、「BCC契約の代表名義者」という）。また、BCC契約の代表名義者となる当事者は条件付経営投資分野の条件を満たさなければならない。

　つまり、条件付経営投資分野の場合、BCC契約の代表名義者のみがその条件を満たすことで足り、BCC契約の当事者全員がその条件を満たす必要はない。したがって、ベトナムで条件付経営投資分野に投資したい外国投資家は、この投資形態を利用し、条件付経営投資分野の条件を満たす現地パートナーの少なくとも一社をBCC契約の代表名義者として入れることにより、当該条件付経営投資分野が求める条件を満たさなくても、実質的にその条件付経営投資分野に投資することができるという大きなメリットがある。

（2）不動産事業の条件に関する投資法の改正

　2020年投資法が発効する以前は、ベトナムの不動産事業法の規定により、国内外企業が不動産事業を行うための条件として、二百億ドン以上の法定資本を有する必要があると規定されていた。これは、中小企業又はベトナム投資に経験が少ない外国投資家にとってかなりハードルが高く、ベトナムの不動産事業に参入するための障害となっていた。そのため、BCC契約の方式による投資形態を利用したケースが多かった。

しかし、2021年1月1日から、現行投資法により、不動産事業の法定資本の条件が撤廃されたため、BCC契約の方式による投資形態の選択は将来的には少なくなる見込みである。

<table>
<tr><td colspan="2">■Q&A BOX■　Ⅳ3(2)</td></tr>
<tr><td>Q&A (i)</td><td>Q：今後どういう場合にBCC契約形態による投資を選択したほうが良いか。
A：外国人投資家は以下の場合にBCC契約形態による投資を選択することが考えられる。
・それほど困難・複雑でない不動産プロジェクト
・投資家が、ベトナムで経済組織（会社）を保有したくない場合。BCC契約に基づく事業を行うだけで、会社の設立や運営を行う必要がない。</td></tr>
</table>

（3）BCC契約の内容

現行投資法に定めるBCC契約の主要な内容は以下の通りである。

ⅰ．契約当事者の氏名、住所、権限を持つ代表者、取引の場所又は投資プロジェクトを行う場所

ⅱ．経営投資の目標及び範囲

ⅲ．契約当事者の寄与分、契約当事者との間の経営投資の結果の分配

ⅳ．契約履行の進度及び期限

ⅴ．契約当事者の権利及び義務

ⅵ．契約の変更、譲渡、終了

ⅶ．契約違反による責任、紛争解決方法

（4）BCC契約の重要な条項

上記Ⅳ3（3）の他に、契約当事者は法律禁止事項に違反しない範囲で他の内容を合意し、契約書に反映させることができる。以下参考のため、不動産プロジェクトを行うためにBCC契約の重要条項及びそれに関連する留意点を述べる。

順	条 項	留 意 点
1	契約当事者	契約当事者の代表者の代表資格を確認する必要がある。
2	契約の目的	契約締結時の当事者の目的を明確に定める必要がある。
3	契約の定義及び解釈	個別の契約書による。
4	協力内容	• 実施予定の不動産プロジェクトを詳細に定める必要がある。その中で、土地・他の不動産の使用権、使用目的、不動産プロジェクト展開期限を明確に定めるべきである。 • 不動産プロジェクトの内容により、契約当事者は詳細な事業を実施するための詳細な企画を契約書の別紙として作成する条項を入れるべきである。
5	事業期限及び契約期限	事業期限と契約期限を統一すべきである。
6	出 資	• 不動産プロジェクト又は土地の使用権等といった現物で出資をする場合、当該現物の出資分の価格を正確に確定するために法務DDと価格評価方法の選択を事前に行うべきである。 • 出資の総額、それぞれ当事者の出資分、出資のスケジュール、増資、減資等に関する条項を定める必要がある。
7	資金調達	不動産プロジェクトを行うため、多額の投資資金が必要になる場合が多い。その際、自己資本の他、契約当事者は金融機関又は第三者から融資を通じて資金を調達することができる。資金調達の必要性が予想される場合、資金調達の方法、調達責任者、担保処置の適用、弁済の予定スケジュール等を定める必要がある。
8	当事者の責任分担	個別の契約書による。
9	不動産プロジェクトの管理委員会	管理委員会の人数、役割、会員の任命・任免等の方法、意思決定のプロセス等を定める必要がある。
10	費用管理	個別の契約書による。
11	利益及び利益分配	• 利益の分配は必ずしも出資割合に基づく必要がない。 • 不動産プロジェクトの譲渡又は清算の場合の利益分配も定めるべきである。

12	会計、税務及び第三者に対する義務	会計、税務及び第三者に対するその他の義務を履行するのはBCC契約の代表名義者にて行うのが通常である。
13	他の条項	・ 情報保持義務 ・ 契約の終了 ・ 不可抗力条項 ・ 契約違反、損害賠償、違約罰 ・ 準拠法及び紛争解決方法 ・ その他の一般条項（誓約及び担保、分離独立条項、譲渡制限、契約の言語）

（5）BCC契約に関する留意点

不動産プロジェクトを行うためにBCC契約の作成、締結をする時、以下の点に留意する必要がある。

① 事業範囲の明確化

不動産プロジェクト、特に土地使用権が付く不動産プロジェクトを実施する場合、外国投資家の参加もあるため、当該プロジェクトの事業範囲を明確にする必要がある。Ⅲ.5で述べた通り、不動産事業は、条件付経営投資分野のため、BCC契約方式に基づき投資を行う場合でも当該条件を満たさなければならない。もっとも、当該事業範囲について権限を有する国家機関の承認が必要であるため、当該承認等の取得も行わなければならない。

② 不動産の所有権、土地の使用権の確認

不動産の所有権、土地の使用権は、当該不動産の所有権、土地の使用権の所有者・使用者が共有する使用証明書で確認するか、又は土地登録機関に確認することができる。具体的な確認事項及び留意点については、本書のⅤを参照。

③ 現物出資の場合における留意点

ベトナム人のパートナーが不動産プロジェクトを行うために土地の使用権又は土地上の不動産の所有権を現物として出資する場合が多い。その場合、厳格な法務DDと出資対象の土地使用権・不動産の価値評価を行うべきである。具体的な確認事項及び留意点については、本書のⅤを参照。

■Q&A BOX■　Ⅳ3(5)	
Q&A (ⅰ)	Q：BCC契約形態による投資にはどのようなメリットがありますか。 A：以下のメリットがあります。 　ⅰ．BCC契約形態による投資の手続きは他の投資形態より簡単です。なぜなら、契約当事者は、企業設立手続きを行う必要がないので、事業を早期に開始でき、時間や費用を節約することができるからです。 　ⅱ．投資家にとって企業の運営、管理費用が負担になりません。 　ⅲ．第三者に対する義務の履行や取引を行うために契約に参加しているパートナーの法人格、人員を活用できます。 　ⅳ．不動産プロジェクトから最大利益を取得するために契約当事者の強みを活用できます。
Q&A (ⅱ)	Q：BCC契約形態による投資にはどのようなデメリットがありますか。 A：以下のデメリットがあります。 　ⅰ．新経済組織を設立しないので、当事者が契約関係だけに拘束されて、組織性が緩く、契約当事者の善意に依存します。 　ⅱ．事業を行い、第三者との取引を行う主体となる契約当事者は不正行為が生じやすく、BCC契約の全ての当事者の充分な利益のために行動しない可能性もあります。一方、ベトナムでは印鑑を使用する必要性が高いため、法的責任は主体となった当事者に対するものがより重くなります。 　ⅲ．BCC契約当事者は主体となった当事者の内部に介入しにくいので、金融などの透明性が高くない場合もあります。 　ⅳ．法令にはBCC契約の内容を実施する際の第三者に対するBCC契約当事者の責任やBCC契約の一人の当事者と契約を締結する第三者の責任を詳細に定める条項はまだありません。 　ⅴ．この契約形態は複雑な不動産プロジェクト又は厳しい経営管理を要する不動産プロジェクトにとって効果が期待できません。

4 不動産プロジェクト取得に関する スキーム

　ベトナムでの不動産プロジェクトを取得するために、様々な法的な手段がある。そのような法的な手段から投資家は、予定するビジネスに適したスキームを構築することができる。

　以下において、ベトナムでの不動産プロジェクトを取得する際に、よく用いられる進出スキームを紹介する。しかしながら、プロジェクトごとの条件や投資家の希望等によって、スキームが異なるため、実際に進出する際は、必ず専門家に相談していただきたい。また、以下に述べるスキームについては、簡易化、モデル化したものであり、不動産プロジェクトの取得は、直接的又は間接的に一部若しくは全部のプロジェクトを取得するものである。

（1）単独での新規プロジェクトの取得
スキーム1

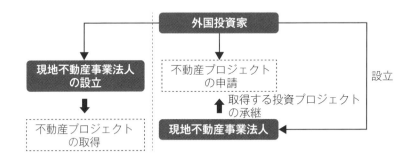

　上記の図の通り、外国投資家は、単独（100％外資進出）で、ベトナムでの不動産プロジェクトを取得することができる。

　流れとしては、①まず現地の不動産事業法人を設立し、その後当該外資系企業の名義で不動産プロジェクトを取得する、又は②不動産プロジェクトを申請し、取得が見込めるタイミングで現地不動産事業法人を設立し、取得する不動

産プロジェクトを承継するという二つから選択することができる。

　前者は、規模が小さいプロジェクト、不動産のサブリース事業プロジェクト若しくは不動産サービス事業プロジェクトの場合において適用される。後者は、大規模プロジェクト又は土地の使用ニーズのある不動産プロジェクトの場合に適用される。

（2）合弁会社を通じる新規プロジェクトの取得
スキーム2

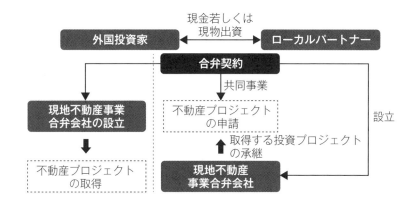

　このスキーム2は、上記のスキーム1とほぼ同じであるが、不動産プロジェクトの事業者は、外国投資家の単独ではなく、ローカルパートナーと共に組んで事業者として不動産プロジェクトを取得するというものである。外国投資家とローカルパートナーの出資割合は、当事者間で合意することができる。出資の方法は、現金でも現物でも認められる。

　このスキームを利用する実際のケースは、外国投資家が現金で出資し、ベトナムのローカルパートナーが既に保有している不動産プロジェクトや土地使用権をもって現物として出資するというパターンが多い。

　ベトナムのローカルパートナーが現物で出資する場合には、不動産プロジェクトや土地使用権等の法務DDや価値評価を厳格に行うべきである。合弁会社は、ベトナムのローカルパートナーが現物で出資する不動産プロジェクトのみ

を実施するために設立する場合は、上記図面の縦線の右側に記載する流れを取るべきである。その場合、現地不動産事業合弁会社を設立した後、不動産プロジェクトの事業者の名義が、出資者であるローカルパートナーから合弁会社に変更する手続が必要となる。

（3）M＆Aによる不動産プロジェクトの取得
スキーム3

　M＆Aにより、不動産プロジェクトを取得する方法は、①不動産プロジェクトを保有する会社の取得又は、②不動産プロジェクトという財産の取得という二つの方法がある。②財産の取得については、スキーム④にて述べるものとする。

　不動産プロジェクトを保有する会社の取得は、様々なパターンがある。しかし、伝統的には、①不動産プロジェクトを保有する会社の一部若しくは全部の株・持分を取得するか、又は②不動産プロジェクトを保有する会社が譲渡対象の不動産プロジェクトを新しく設立する子会社や新設分割・吸収分割により承継会社に移転した後、当該子会社・承継会社の一部又は全部の株・持分を取得する方法がある。

　法務DDの負担や、株・持分を取得する前の不動産プロジェクトを保有する会社の債務や法的責任に関するリスクを減らすために上記②の方法を取るべきである。

（4）不動産プロジェクトの譲受け
スキーム4

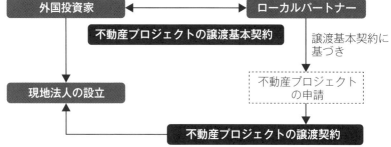

　上記の図に述べた通り、外国投資家は、最終的にベトナムでの不動産プロジェクトを取得する目的がある。しかしながら、スキーム1を通じて取得する場合は、外国投資家への規制等があり、かつベトナムでの法的な手続きに慣れていないことにより、うまく取得できない可能性がある。その代わりに、このスキーム4により、外国投資家は、ローカルパートナーと不動産プロジェクトの譲渡基本契約を結び、自分が取得したいプロジェクトの条件等を定め、ローカルパートナーは、基本契約に合意した通りのプロジェクトを取得する。ローカルパートナーが、不動産プロジェクトを取得した後、外国投資家は、外資系企業を設立し、当該不動産プロジェクトを譲り受けるという流れになる。

（5）債権購入による不動産プロジェクトの取得
スキーム5

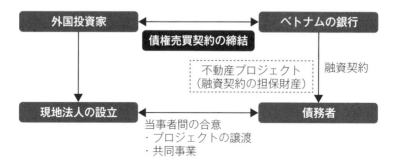

　このスキームは、この数年間にベトナムでの不良債権が増加していることから、新たに開発された方法である。しかしながら未だ検討過程にあり、様々な法的問題の検討や法制度の整備が完了していない。とくに問題となるのが、外国投資家や外資系企業がベトナムにおいて抵当権を設定した不動産プロジェクトや土地使用権に対して抵当権者としての法的な地位を譲り受けることができない点である。そのため、銀行などから債権を譲り受けても、債権者として抵当権設定の対象財産を処分することができない。

　そのため、現時点においてこのスキームを利用するには、不動産プロジェクトを取得するために債務者の協力が必要である。債務者の合意等を得られない場合には、現時点でこのスキームを推奨できない。債務者との合意は、基本的に債務者に代わり銀行で債務を弁済し、対価としてプロジェクトを外資系企業に譲渡するか、（銀行に弁済した分を合弁事業への出資として）債務者と共同で合弁事業としてプロジェクトを実施するという合意になる。

　上記の5つのスキームの他、BCC契約方式に基づく投資のスキームもよく選ばれる。このスキームについては、上記のⅣ.3　BCC契約方式による投資形態を参照されたい。

資金調達に関する法制度

（1）概　要

　企業の資金需要については、一般的に①運転資金需要又は短期の資金需要（一年以下）及び②資本資金需要又は中長期の資金需要（一年以上）がある。本章では、外資系企業が不動産プロジェクトの実施に必要な資金調達をするために必要な②の中長期の資金需要について述べることにする。

　ベトナムでの中長期の資金を調達するために、主に以下の方法がある。

　ⅰ．銀行や親会社からの貸付

　ⅱ．債　券

　ⅲ．プロジェクトファイナンス

　ⅳ．新株発行

　ⅴ．ファイナンスリース

以下、外資系企業がよく利用する「銀行や親会社からの貸付」に絞って法制度を紹介するものとする。

　外資系企業は、ベトナムの金融機関、外国の金融機関、親会社又はグループ関連会社（以下、「関係会社」という）から借り入れることができる。そのうち、ベトナムでの金融機関からの借入れよりも、金利の面からみて、外国の金融機関や関係会社からの借入れの方が経済的である。ちなみに、ベトナムでの金融機関からの借入の利子は、固定利子の７％〜８％＋変動利子の３％〜４％となる。

　外資系企業を含むベトナムの法人は、外国から資金を調達する際に、ベトナムの外国為替に関する規定を遵守する必要がある。

（2）中長期の資金を調達する場合の留意点

　外国から中長期の資金を借り入れる際に、以下に述べる点に留意すべきである。

ⅰ．借入額は、法人の設立時又はプロジェクト取得時の投資登録証明書又は
投資方針承認書に定める借入枠の範囲内である必要がある。

　法人の設立時若しくはプロジェクト取得時の投資登録証明書又は投資方
針承認書（以下、合わせて「投資登録証明書」又は「IRC等」という）は、
ベトナムの権限を有する機関（主には、省レベル人民委員会等をいう。以
下同様）から得られる。当該投資登録証明書に投資総額を記載する。その
投資総額は、自己資本（出資者が出資する金額）と借入金から構成される。
したがって、外国から借り入れるために、事前にIRC等で具体的な金額を
登録する必要がある。

　また、総投資額における自己資本と借入金のバランスも取る必要がある。
基準がないため、最終的な判断は、ベトナムの権限を有する機関の裁量に
依存する。

ⅱ．外国の金融機関や関係会社と融資契約を締結する場合、当該契約の実施
条件として、当該融資金をベトナム中央銀行や中央銀行の地方支店に登録
する必要がある。

　〔ⅰ〕　借入額が1千万USD（又は1千万USDに該当する外貨）を超える場
合又はベトナムドンで借り入れる場合は、国家中央銀行（外貨管理庁）
で登録する。

　〔ⅱ〕　借入額が1千万USD（若しくは1千万USDに該当する外貨）以下の
場合は、中央銀行の省レベルの支店で登録する。

ⅲ．融資額の入金、融資額元金の返済、金利の支払等の融資契約に伴う金銭
の移動は、直接投資口座を通じて行う必要がある。

ⅳ．融資金、融資期間、融資金の使用目的、返済の形式及びスケジュール、金
利及び金利の支払スケジュール、担保等といった重要な項目の変更がある
時、登録の更新手続を行う必要がある。

ⅴ．融資の登録を行った後、当該融資契約の実施に関して定期的に報告を行
わなければならない。四半期ごとにオンラインにより定期的に報告を行う
ほか、必要に応じて国家中央銀行又は融資口座（直接投資口座）を開設し
た銀行の要求に基づき報告を行う必要がある。

（3）融資契約の重要な条項

①　融資金の使用目的

　融資契約には、融資金の使用目的を明確に規定する必要がある。ベトナム外貨為替法により、融資金を使用目的の通りに使用しない場合には、貸主は、借主に対して融資金の返還及び損害賠償を直ちに請求することができる。

　ベトナム中央銀行や中央銀行の地方支店に融資契約を登録する際に、ベトナム中央銀行や中央銀行の地方支店は、借主による資金需要の必要性、融資金の使用計画等を要求する可能性がある。

②　前提条件

　前提条件は、貸主から融資を受けるために、借主が履行しなければならない条件である。

　前提条件は、具体的かつ明確に定める必要がある。前提条件を抽象的に規定してしまうと、借主が実施することができないし、貸主も確認することができないため、紛争になる可能性がある。

③　融資の実施方法

　具体的に融資金の貸出スケジュール、通貨の種類、貸出の方法、振込の場合の送金先等を定める必要がある。

④　融資期間

　融資期間は、融資額の全額の弁済期日や金利等に関連するため、年月日まで記載する必要があり、かつ融資期間に、融資期間終了日が含まれるかどうか、融資期間終了日が祝日である場合どう実施するのかという内容も明記する必要がある。

⑤　融資金の元金弁済

　具体的に弁済の金額、期限、弁済の方法、弁済先、期限前の弁済に関する条項等を明確に定める必要がある。

⑥　金利及び手数料

　金利は、融資金の残金に利子をかけて計算する金額となる。金利は、当事者間で合意することができるが、上限の20％を超えてはいけない。しかしながら、ベトナムの金融機関が適用する利子より高い利子にする場合、融資契約を登録

する際に登録機関から指摘される可能性がある。金利の支払い期間は、自由に設定することができるが、通常1か月、3か月、6カ月、1年のいずれかとすることが多い。

手数料を課すかどうか、また負担者の決定は、当事者間で合意することができる。手数料には、融資の準備手数料（貸出時に支払う手数料を含む）、送金の手数料、融資利用枠の保証手数料、ベトナムでの融資登録手数料等が含まれる。

⑦　税　　金

税金が発生する融資契約の場合は、外国の貸主は、ベトナムの課税機関に外国契約者税を納税する必要がある。ベトナムでの借主は、代わりに税金の申告、納税を行うことができる。

⑧　担保設定

担保がある場合、融資契約に明記するか、別段の合意により明確に定める必要がある。

⑨　契約違反、契約違反による違約金、損害賠償金

契約違反に関する条項については、どのような行為や状況が発生すれば契約違反になるか、また契約違反になった場合の回復期間等を規定する必要がある。

ベトナム商法の規定により、契約違反による違約金の上限は、契約上の違反する義務の対価の8％になるため、この上限を厳守する必要がある。損害賠償金については、実際に発生した損害に相当する賠償の金額となるが、融資契約の場合は、遅滞利息を適用するのが通常である。遅滞利息は、期間内の利息の150％で、上限は、30％になる。

⑩　事実の表明及び保証

事実の表明及び保証は、通常①融資契約の効力を保証するための各当事者の資格や意思決定の承認等に関するものと、②借主の弁済能力を保証するための財務的な状況に関するものから構成される。

⑪　コミットメント

主なコミットメントは、以下の通りになる。

ⅰ．情報共有に関するコミットメント（借主による）

ⅱ．借主の経営活動に関するコミットメント

iii．借主の弁済能力に関して、重要な財産に対する担保不設定に関するコミットメント

iv．財務能力に関するコミットメント（借主の財務指数を監査する貸主の権利に関する保証のコミットメントも含む）

⑫　一般条項

譲渡禁止条項、不可抗力と事情変更に関する条項、準拠法・紛争解決管轄機関に関する条項、反社会的勢力排除条項、秘密保持、債務の相殺、契約書の言語、契約書の写し等を定めるのが通常である。

融資額、融資金使用目的、その他契約の重要な条件等によって、上記（３）以外に必要となる条項を加える必要が生じる可能性がある。また、契約書の作成は、ケースごとの具体的状況に基づく判断が必要であり、実際の契約書を作成する際に専門家への確認が必要である。

6 不動産担保制度

6.1 担保制度

（1）担保措置の種類

ベトナム民法第292条により、担保措置は以下のものを含む。

1. 質権（Pledge）	債権を保全するために債務者の不動産及び動産に設定される担保物権で、担保物が債権者に引き渡される場合
2. 抵当権（Mortgage）	債権を保全するために債務者の不動産及び動産に設定される担保物権で、担保物が債権者に引き渡されない場合
3. 手付（Deposit）	契約の締結及び履行の担保
4. 保証金（Securitycollateral）	賃借財産の返還の担保
5. エスクロー（Escrowdeposit）	義務の履行の担保として信用機関に預けられる金品
6. 所有権留保（Titleretention）	売買契約における弁済義務の担保
7. 保証（Guarantee）	債務者の債務履行についての保証人による保証
8. 信用保証・身元保証（Fidelityguarantees）	貧困者、貧困世帯による与信機関からの借入れについての政治・社会組織による保証
9. 留置権（Lien）	債権者が双務契約の対象物を保管し、債務者の債務不履行又は不完全履行に際して、当該対象物を占有することができる制度

上記の内、所有権留保及び留置権は、現行民法（2015年）に担保措置として新たに追加された。

（2）担保制度の概要

上記の各担保措置に使用する担保財産の対象は、以下の通りである。

担保措置	対象担保財産
1. 質　権	物、金銭、有価証券及び財産権
2. 抵当権	物、金銭、有価証券及び財産権
3. 手　付	金銭、貴金属、宝石又はその他の価値のある物
4. 保証金	金銭、貴金属、宝石又はその他の価値のある物
5. エスクロー	金銭、貴金属、宝石又は有価証券
6. 所有権留保	物、金銭、有価証券及び財産権
7. 保　証	物、金銭、有価証券及び財産権の場合 対象担保財産がない場合
8. 信用保証	対象担保財産がない場合
9. 留置権	物、金銭、有価証券及び財産権

上記の9つの担保措置の内、7つの担保措置（1～6及び9）は、担保財産があり、7番目の保証は、担保財産がある場合とない場合があり、8番目の信用保証は、対象担保財産がない場合の制度となっている。

担保財産の対象が不動産の場合は、民法上①質権及び②抵当権を設定することができると定めている。しかしながら、不動産の質権について、様々な論争がある。

民法第310条2項2号は、「不動産が法律の規定に基づく質の対象である場合、不動産質は登記の時点から第三者への対抗力を有する。」と定めている。つまり、不動産は、質権の対象財産であると解釈できる。しかしながら、不動産質権の制度は上記の民法の規定以外に細則がなく、現行の土地法、不動産事業法、住宅法は、不動産に対して抵当権のみを設定することができると定められている。したがって、不動産の質権は、法制度も実際の運用もまだ十分に整備されていないといえる。

担保措置を用いるかどうかは、原則として当事者の自由な選択による。ただし、法律に定めるいくつかの場合には、担保措置を設定しなければならない。

例えば、国から土地を割り当てられ、賃貸され、土地の使用目的が変更される投資プロジェクトを実施する際に、エスクロー契約を締結する必要がある場合や、政府が保証する投資プロジェクトを実施する事業者が、政府保証の範囲に相当する財産の抵当権設定契約を締結する必要がある場合等である。

担保措置を設定する際に、担保設定契約の公証や担保措置・担保取引の登記手続が求められるが、それぞれの担保措置によって求める手続が異なる。本章は、不動産に対する抵当権の設定に集中するため、不動産の抵当権設定に関する手続については、Ⅳ6.3（不動産の抵当権設定）に詳細に述べるものとする。

6.2 担保財産の処分

（1）担保財産の処分条件

担保財産の処分は、以下の場合において行うことができる。

　ⅰ．被担保債務の履行期限が到来したが、債務者が債務を履行しない又は完全に履行しない場合

　ⅱ．義務違反により、合意又は法律の規定に基づき、債務者が期限の到来前に被担保債務を履行しなければならない場合

　ⅲ．各当事者が合意する又は法津が規定するその他の場合

（2）担保財産の処分方法

9つの担保措置の内、手付、保証金及びエスクローの担保措置は、債務者の違反がある場合において、担保権者が、担保財産の所有権を取得することができる。信用保証、所有権留保及び留置権はそもそも担保財産の処分が発生しない。残る質権及び抵当権は、担保権設定者及び担保権者との間の合意に基づくか、法律の規定に基づき、担保財産を処分する必要がある。

質権及び抵当権の担保財産の処分方法は、現行民法の第303条1項の規定により、当事者は、以下の処分方法のいずれかを選択することができる。

　ⅰ．財産を競売する。

　ⅱ．担保受領者が、財産を自ら売却する。

iii．担保受領者が、担保設定者の義務の履行の代替として財産そのものを取得する。

iv．その他の方式

当事者は、以上の方式のいずれかを合意しない場合において、法律の別段の規定がある場合を除き、担保財産が競売されることになる。

（3）担保財産の処分手順

担保財産の処分は、通常担保権設定者からの積極的な協力を得ることが難しい。特に、抵当権のように担保権設定者が担保財産を保管している場合である。

一般的に担保財産の処分は、以下の手順で行う。

この手順は、2021年5月15日から効力が発生する債務履行担保に関する民法の規定の執行案内を定める政令No.21/2021/NĐ-CP号に基づく。本政令の内容は、改正前の2006年12月29日付政令No.163/2006/NĐ-CP号の内容と若干異なっている。特に手順について、政令No.163/2006/NĐ-CP号は、担保権者による担保財産の差押に関する権利を認めるが、政令No.21/2021/NĐ-CP号はこの権利を削除した。

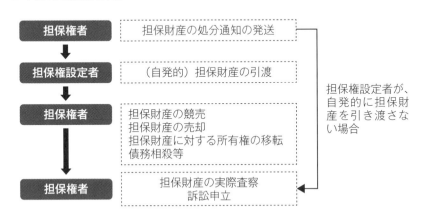

一般財産の抵当権とは、財産を所有する者が、当該財産を抵当権者に対して引き渡さず、一定の債務の履行を担保するために担保権を設定するというものである。また、抵当権者及び抵当権設定者の合意によって、対象財産を第三者に保管させるために移転する旨を合意することができる。

（1）土地使用権に対する抵当権設定

現行の土地法により、土地使用権に対する抵当権設定は、以下のすべての条件を満たす必要がある。

　ⅰ．土地使用権証明書を有する。

　ⅱ．対象土地に関する紛争が存在しない。

　ⅲ．判決執行確保のために留置されない。

　ⅳ．使用期間を設定する土地の場合においては、土地使用期間内である。

　ⅴ．国に対してすべての財務的な債務を履行した。

土地使用権の取得方法によって、抵当権を設定することができる範囲が以下の通り異なる。

土地使用権の取得方法		抵当権設定対象
① 割当土地		① 土地使用権 ② 土地上の財産
② 賃貸土地	賃料年間払い	土地上の財産のみ
	賃料一括払い	① 土地使用権 ② 土地上の財産
③ 土地使用権を譲り受けた場合	① 割当土地	① 土地使用権 ② 土地上の財産
	② 賃料年間払い賃貸土地	土地上の財産のみ
	③ 賃料一括払い賃貸土地	① 土地使用権 ② 土地上の財産

注：賃貸土地に対する抵当権設定の本質は、国に対して既に払った賃料（賃料一括払いの賃貸土地）に対して担保を設定するということである。

（2）住宅に対する抵当権設定

住宅法の定めにより、住宅に対する抵当権設定は、以下のすべての条件を満たす必要がある。

ⅰ．土地使用権及び土地上の住宅、建物の所有権の証明書を有する。^(注)

ⅱ．所有権について紛争、不服申立て、提訴がなされていない。

ⅲ．期限付き住宅所有の場合、所有期間内である（所有者が外国人である場合）。

ⅳ．判決執行のため又は権限を有する国家機関の法的効力を生じた行政決定を執行するために差し押さえられていない。

ⅴ．権限を有する機関の土地回収決定の対象になっておらず、住宅の収去、解体の通知を受けていない。

注：将来形成住宅である場合においては、土地使用権及び土地上の住宅、建物の所有権の証明書を有するという条件を満たす必要がない。この場合は、所有権証明書の代わりに、事業者若しくは将来形成住宅の所有者との公証済売買契約があり、売買契約に基づく代金の支払義務を十分に履行したことを証明することができる証明根拠書類があれば十分である。

住宅所有者が組織である場合は、ベトナムに所在する金融機関のみに対して抵当権を設定することができる。一方、住宅所有者が個人である場合は、ベトナムに所在する金融機関の他、法人、個人に対しても抵当権を設定することができる。

外国組織又は個人が住宅の抵当権者になる場合、ベトナムにおける住宅を所有する資格を有する必要がある。

最近、ベトナムにおいて、コンドテル（Condotel）やオフィステル（Officetel）等といったビルが多く開発され、外国人を含む多くの使用者に売却された。地方によって、法の解釈が異なり、当該コンドテルやオフィステル等に対して所有権証明書を発行する地域もあるが、全体としてまだこのような物件に関する法制度が整備されておらず、発行された所有権証明書の効力は明らかでない。したがって、当該物件に対して住宅として抵当権を設定することができない点に留意する必要がある。

ⅰ．コンドテル（Condotel）とは、コンドミニアム＋ホテルの造語である。具体的に、コンドテルを購入する際に、購入者は、当該コンドテルに居住する目的を有さず、コンドテルの開発事業者若しくは不動産管理会社に当該コンドテルを賃貸して、賃料収入を得ることが目的となる。コンドテルは、長期居住でも短期宿泊でも使用することができる。

ⅱ．オフィステル（Officetel）とは、オフィス＋ホテルの造語である。上記のコンドテルと同様、購入者は、当該オフィステルを使用する目的を有さず、オフィステルの開発事業者若しくは不動産管理会社に当該オフィステルを賃貸して、賃料収入を得ることが目的となる。オフィスは、宿泊兼在宅勤務を目的として使用するケースが多い。

（3）土地上の物件、その他財産に対する抵当権設定

土地使用権、住宅の他に、土地上の建物、その他の財産に対しても抵当権を設定することができる。不動産の内、土地使用権以外、既存の不動産と将来形成の不動産の両者とも抵当権設定の対象となりうる。

また、政令No.21/2021/NĐ-CP号第18条により、投資プロジェクトの事業者は、当該投資プロジェクト及び投資プロジェクトに属する財産に対して抵当権を設定することができる。投資プロジェクトが住宅建設、住宅ではない建設投資プロジェクトである場合において、抵当権を設定する際に、投資プロジェクトに関する各種許認可、決定文書が必要となる。

（4）抵当権設定に関する手続

不動産に対して、抵当権を設定するためには、以下の手続を行う。

ⅰ．土地法、住宅法に基づき、抵当権設定契約に対して公証役場で公証手続を行わなければならない。

ⅱ．土地使用権又は既に土地使用権及び土地上の住宅、建物の所有権の証明書を発行された不動産に対して抵当権を設定する際に、土地の登記事務所で抵当権の登記を行わなければならない。

ⅲ．上記（ⅱ）以外の不動産に対して抵当権を設定する場合、当事者の任意

で担保設定取引を国家担保取引登記局に属する取引・財産の登記センターに登録することができる。

iv. 抵当権設定契約を締結した後、抵当権設定者は、抵当権者に対して、土地使用権及び土地上の住宅、建物の所有権の証明書を引き渡す。

（5）担保措置、担保取引の登記

担保措置、担保取引の登記の管轄機関は、以下の通りである。

不動産の種類	登記管轄機関
土地使用権又は既に土地使用権及び土地上の住宅、建物の所有権の証明書を発行された不動産	天然資源環境局に所属する土地の登記事務所
住宅建設プロジェクトを含む投資プロジェクトの財産（請求権）、将来形成不動産	司法省の国家担保取引登記局に属する取引・財産の登記センター

天然資源環境局に所属する土地の登記事務所で登記する場合、当該登録情報を確認するためには、土地使用権及び土地上の住宅、建物の所有権の証明書の変更項目（裏面）又は同証明書に付随する別紙を確認するか、土地の登記事務所に直接情報開示のための申請手続きを行うことにより確認することができる。

国家担保取引登記局に属する取引・財産の登記センターで登記する場合、以下のウェブサイトで確認することができる。

https：//dktructuyen.moj.gov.vn/dtn_str/search/public/

確認するために、登記申請書の番号か、抵当権設定者の正式な会社名や個人名が必要となる。

V

ベトナムにおける
不動産譲渡のプラクティス

総　論

（1）はじめに

　ベトナムでは、小規模住宅の一軒家から大規模な土地使用権付複合施設まで、不動産の譲渡に関する取引は活発に行われている。もっとも、外国投資家や外資系企業が売買の対象とする不動産の場合には、ある程度規模のあるものと想定され、不動産譲渡取引を行う際には、慎重に手続を進めることが望ましい。

（2）不動産譲渡の流れ

　不動産の譲渡方法（譲渡スキーム）は、不動産の単体での譲渡、不動産プロジェクトとしての譲渡、不動産又は不動産プロジェクトを保有する会社の株式の譲渡に分けて考えることができる。

　不動産の譲渡は、基本的に以下の段階を経て実施される。

　　ⅰ．譲渡契約締結前の段階

　　ⅱ．譲渡契約締結段階

　　ⅲ．譲渡取引が完成する前の段階

　　ⅳ．譲渡取引の完成段階

　　ⅴ．譲渡取引が完成後の段階

　各段階における最も重要な作業は、以下の通りである。以下の流れは、不動産・不動産プロジェクトの法務DDに限らず、一般の法務DDの流れと共通している。

譲渡契約の締結前の段階
【売主】 • 引受募集に関する資料の準備 • 譲渡予定のスキームに合わせる各種準備 • 引受募集 【買主】 • 対象会社、対象不動産等の基本調査 • 譲渡スキームの検討 • 売主に対する意思表示
秘密保持合意の締結 基本合意の締結 買主による資金の準備（自己資本金、調達資金）
法務デューデリジェンスの実施 譲渡契約案の作成
譲渡契約の締結段階
• 譲渡契約の締結前提条件の整理、前提条件に関する売主のコミットメントの実施 • 金融機関とのエスクロー契約（第三者預託契約）の締結、エスクロー口座への預託金の送金 • 譲渡契約の締結
譲渡契約の実施

• 譲渡契約の締結後の前提条件の実施
• 各種条件の達成状況の確認、検収
• 譲渡契約に基づく債務の履行
  ✓ 譲渡代金の支払い
  ✓ 不動産・不動産プロジェクトの引き渡し
  ✓ 各種ライセンスや所有・使用証明書の名義変更

　本章では、上記のプロセスにおける法的な要素のうち、①譲渡契約締結前の各種合意書、②法務デューデリジェンス（法務DD）及び③不動産譲渡契約について、詳細に説明するものとする。

2 譲渡契約締結前の各種の合意

秘密保持の合意

（1）秘密保持合意書

　不動産の取引において、譲渡契約の締結前に、売主から買主に、基本調査及び法務DDを行うための様々な資料や情報が提供される。また、資料や情報が漏洩すると売主に不利をもたらすため、情報や資料を受領する側は、秘密保持の合意の必要がある。他方、買主は、第三者に対して、目的会社、目的対象物の購入を検討していることの開示を望まず、買主からも売主に対して秘密保持の合意を希望する場合がある。

　秘密保持義務は、個別に秘密保持合意書を締結するか、基本合意書や覚書に一つの条項として定める方法がありうる。基本合意書等の締結前に、情報交換が必要な場合には、個別の秘密保持合意書を締結するのが一般的である。

　秘密保持の合意を行う当事者は、通常、情報を開示する売主と情報を受領する買主である。買主側には、買主側の会計事務所、ファイナンスコンサルティング、法律事務所が含まれる。売主は、それぞれ買主側の会計事務所、ファイナンスコンサルティング、法律事務所等と個別に秘密保持を合意する場合もある。

（2）秘密保持の対象

　秘密保持を合意する上で、秘密情報の範囲確定は最も重要である。一般的に、以下の内容が秘密保持の対象とされる。

　ⅰ．予定する取引、当該取引の内容についての当事者間の合議、協議内容、合意内容等

　ⅱ．不動産・不動産プロジェクトに関する各種ライセンス・所有権証明書、ファイナンスデータ、各種事業計画、ノウハウ、人事情報等といった商業、

財務、技術、法務等に関する、売主から開示するすべての情報である。なお、口頭、書面又はデータ等の方式は問わない。

秘密情報の範囲を列挙する際は、相手が想定しやすいように具体的に記載するとともに、広範囲に対応できるように規定すべきである。

（3）秘密保持の対象外

秘密保持の対象外となる情報は、原則として以下のとおりである。

ⅰ．開示された時点において、受領者がすでに了知していた情報

ⅱ．開示された時点又は、開示された後に公知になった情報

　　ここでの公知の意味は、受領者による情報秘密保持義務に違反した行為による状態ではない旨が規定されるべきである。

ⅲ．開示者に対して、秘密保持義務を負わない正当な権限を有する第三者から、受領者が秘密保持義務を負うことなく適法に取得した情報

（4）秘密情報の使用目的に関する規定

秘密情報の使用目的について、基本的に受領者は、一定の目的に限定し、秘密情報を使用できるように規定する必要がある。この使用目的は、可能な範囲で明確かつ具体的に定めた方が良い。例えば、目的対象物や目的会社に対する価値評価、譲渡契約の交渉・締結・実施という目的に限って使用できるなどである。

ただし、例外として、上記の使用目的以外に、法律の定めや、国家機関や裁判所の命令により、受領者は、当該法規定や命令に従い、秘密情報を開示しなければならない可能性がある。

（5）その他

秘密保持の合意には、譲渡契約が成立しない場合や、秘密保持の合意の期間満了の場合において、受領者は、受領した資料、情報について開示者に返還するか、適切な方法により廃棄しなければならない義務も設けられている。

秘密保持の合意は、問題なく成立したとしても、実際にその合意を実施する

にあたり、完全に秘密を保持できるかどうかについては難しいところである。

　ⅰ．受領者が秘密情報を漏らしたか否かを証明することが難しい。

　ⅱ．受領者の情報漏洩を証明できたとしても、生じた損害の証明が難しい。

　ⅲ．ベトナムの裁判制度において予測できる可能性が低い。

　ⅳ．受領者がどの程度確実に秘密保持義務を履行するか確認する方法がほとんどない。

　そのような状況から、秘密保持の合意を締結したとしても、リスクが多分に存在することを念頭に置いておいた方が良い。したがって、秘密保持の合意があっても、情報の開示方法、開示時点、情報へのアクセスについての技術的な対策等を厳密に検討する必要がある。

2.2　　　　　　　　　　　　　　　　　　　　　　　　　　　　基本合意

（1）基本合意の必要性

　基本合意には、譲渡に関する基本合意書（LOI：Letter of Intent）、覚書（MOU：Memorandum of Understanding）若しくは、要項合意文書が含まれる。これらは、当事者間の取引の対象、取引額、取引の基本的なスキーム等といった基本的な提案若しくは合意を定めるものである。

　基本合意には、重要な取引額や取引スキーム等について一応規定するが、買主が法務DDを行った後、大幅に変更する場合もある。ただし、基本合意がなければ、各当事者が目指している大きな目的を確認することができない。

　また、基本合意を締結する前の段階において、当事者間で情報交換を行い、基本条項について協議することにより、互いに理解し合って、今後取引を継続できるかどうかある程度判断することができる。さらに、基本合意を締結することは、譲渡取引について真摯に検討し、相手方当事者に対して積極的に検討する旨を表すことができ、時間とコストが多少かかる法務DDや譲渡契約書の作成等に進めることはより安心感を与えることとなる。

（２）基本合意の主な内容

基本合意の主たる内容は、以下の通りである。

ⅰ．当事者の情報

ⅱ．取引スキーム

ⅲ．譲渡額若しくは譲渡額を確定する方法

ⅳ．買主の譲渡目的物に対する期待若しくは前提事項

ⅴ．協力義務

ⅵ．全体のスケジュール

ⅶ．法的拘束力

ⅷ．独占交渉権

ⅸ．有効期間

上記の内、ⅰ乃至ⅵ及びⅸは、個別の案件に関する条項であるため、法的に共通する留意点はない。しかしながら、この諸条項は、譲渡契約の重要な条項になるため、誤解を招かないように、できる限り明確に、かつ具体的に規定すべきである。また、譲渡契約を締結するまで、基本的に基本合意書の合意に基づき、法務DDやその譲渡目的物の調査等を円滑に行えるように、売主の協力義務を定める必要がある。

（３）法的拘束力

基本合意は、両当事者の合意事項を定めるものであるため、本来であれば、契約と同じ法的な位置づけを有し、当事者に拘束力が発生する。しかしながら、基本合意は、本格的な取引を行う前に締結するものであり、法務DDの結果を反映させる必要があるため、買主の立場から考えれば、拘束力を有することは望ましくない。したがって、基本合意書には、法的拘束力のない（Non-binding）条項を定めるのが通常である。

ベトナムでの基本合意書における法的拘束力のない条項について、以下の通りに定めるのが一般的である。

「本基本合意書は、基本的な条件を合意するためのものであり、各当事者に法的な拘束力を持たないものとする。両当事者は、①本基本合意書は、買主によ

る契約申し込み、売主による契約の誓約ではないこと。②両当事者が予定している取引に関する重要な条項について両当事者の全ての意思決定を表しているものではないこと。③売主に対して損害賠償金を支払う義務を負わずに、いつでも契約の交渉を排除することができることを合意する。」

なお、基本合意書が法的拘束力を有さないとしても、独占交渉権に関する義務、秘密保持義務、準拠法及び紛争管轄に関する条項については、法的な拘束力をもたせるのが一般的である。

（4）独占交渉権

基本合意書には、独占交渉権の条項を定めるのが通常である。買主は、売主に対して、一定の期間において、独占的に交渉する権利を求めるのが一般的である。譲渡契約を締結するまでに、法務DDを行うなど、譲渡契約を締結するかどうかを判断するために時間とコストがかかるため、独占的な交渉権を有さなければ、買主として不安になる。この独占交渉権を与えられた期間において、売主は、基本合意書を締結した取引について、他の買主候補者に申し込み、交渉、契約締結等を行ってはならない。

独占交渉期間について、買主としてできるだけ長期間であることが望ましいが、売主はこの期間を短縮したい。ただし、買主として十分に検討し、かつ売主が別の機会を逃さない程度の期間を設定する必要がある。規模の大きな不動産プロジェクトの購入案件である場合、独占交渉期間は通常、3か月から6か月までとすることが多い。

なお、買主から売主に対して独占交渉権の費用として、一定の金額を支払う義務が発生する場合がある。

3 不動産プロジェクト 及び不動産に対する法務DD

3.1 法務DDの必要性

（1）概　要

　不動産プロジェクト及び対象不動産に対する法務DDは、財産譲渡の取引を実施する際に買収対象に対して実施されるものを指す。法務DDの対象は、不動産事業プロジェクト並びに、土地使用権、家屋、建物及び土地上のその他の財産を含む当該プロジェクトを実施するための不動産である。このため、不動産関係の法務DDは、財産譲渡の取引の中でも最も複雑である。

　Ⅳ3（5）に述べたように、既存不動産プロジェクトの譲受は、立地が良く、既に当局による各種計画が反映され、直ちに実施可能なプロジェクトを手に入れることができる。しかしながら、既存のプロジェクトであるため、譲渡取引の前に譲受先は事前に法務DDを行う必要があり、かつ譲渡手続を行う際に様々な法的問題に直面する可能性が高い。特に国営企業である投資家からプロジェクトを譲り受ける場合がそうである。

　本章においては、譲渡対象となっている不動産プロジェクト実施のための不動産及び当該不動産プロジェクトの譲渡取引を行う前の法務DDのみについて述べ、不動産事業を営む企業に対する法務DDは取り扱わない。ただし、いずれのスキーム（財産譲渡又は株式譲渡）であれ、財産である不動産プロジェクトや不動産自体に対して法務DDを行う際に、本章の内容を参考にすることができる。

　通常、外国人の投資家との取引における各不動産事業プロジェクト及び当該のプロジェクトを実施するための不動産（以下、両者を合わせて「買収対象」といい、不動産事業プロジェクトを指す場合には「対象プロジェクト」、プロジェクトを実施するための個別の不動産を指す場合には「対象不動産」という）は、規模が比較的大きく、取引スキームが複雑であり、かつ不動産に関してベトナ

ム特有の状況を有するため、取引を行う前に法務DDを行うことが望ましい。

　上記の通り、不動産譲渡取引の本質は、不動産プロジェクトの事業者としての法的な資格を売主（本章において、単に「売主」という）から買主（本章において、単に「買主」という）に移転するということである。したがって、法務DDは譲渡取引の実施可能性に大きく影響する重要な要素となる。

（2）法務DDの目的

①　観客的な情報の確認、把握

　法務DDの最初の目的及び意味は、売主が開示した資料・書類等に基づいて、買主に提供された各情報を確認することである。

　それに加えて、買収対象に関する全ての資料を精査することを通じて、買主は、所有権・使用権関係、ライセンス状況、対象プロジェクトの実施状況等を詳細かつ客観的に把握することができる。

②　取引スキームの再確認

　通常法務DDを行う前に、各当事者は、買収対象に関する譲渡取引についての基本的スキームを合意する場合が多い。しかし、法務DDを行わないと、当該スキームを実施することが可能かどうかについて、正確に確認することができない恐れがある。

　場合によると、法務DDの結果に基づいて取引のスキームを調整又は変更する必要が出てくる可能性がある。例えば、法の規制や第三者との契約によって、買収対象である不動産を直接譲渡することができず、代わりに買収対象不動産を保有している会社の株・持分を買収する必要が生じることもある。

③　取引の可能性の確認

　法の規制によって、取引が不可能になることもある。例えば、対象不動産が譲渡禁止又は譲渡制限の対象に該当する場合や、対象プロジェクトについて、権限を有する国家機関が承認した各種ライセンスによって譲渡が制限される場合が挙げられる。

④　取引への不利な影響の確認

　譲渡取引を行うためには、権限を有する機関又はその他の第三者の承認が必

要であるというような、取引に不利な影響を与える事項について、法務DDを通じて明らかにすることができる。例えば、融資契約の担保設定を目的として不動産に対して抵当権を設定した場合に、当該不動産を譲渡するために銀行等の承認が必要となるケースがそうである。

⑤　法的負担の確定

プロジェクトの譲渡については、財産の譲渡と契約上の債権・債務の譲渡という二つの法的な制度を組み合わせたものである。その内、契約関係について、債権・債務の譲渡が、取捨選択できるが、財産の部分については、厳格に取捨選択ができない。

財産であるプロジェクトを譲渡する際に、ライセンス上の事業者の名義を変更することになり、その際、政府やその他の第三者に対して責任を負うのが、新規事業者になる。もちろん、第三者への義務について、既に把握している場合において、当該義務の履行について、売主と交渉可能ではあるが、事前に把握していない第三者である場合、原則的に新規事業者が責任を負う必要がある。

したがって、対象プロジェクトを譲渡する場合には、当該プロジェクトに関する全ての権利・義務も譲渡することになる。買主は、既に発生した又は発生する可能性のある法的責任を引き受けなければならない。法的責任は、例えば損害賠償責任、違反罰金、税務実施責任等又は起訴、申立等に関連する法的な責任を含むがそれに限らない。そのような責任を引き受けると、買主のコスト的な負担になるため、十分に把握し、譲渡の価格に反映する必要がある。

また、対象不動産について、もっとも注意すべき点は、売主が事実上使用・管理を行っているが、不動産の所有権・使用権を認める行政的な手続を未だ完了していない、つまり土地使用権証明書、その他不動産の所有権証明書をまだ取得していない場合である。その場合、買主は、買収対象を取得したのち、当該所有権・使用権の証明書を取得する必要が生じるため、大きな負担になると考えられる。

（3）まとめ

上記の問題を確定、確認することによって、弁護士はそれぞれの問題の深刻

さを評価し、発生する可能性のある法的な結果を見通し、それらに対する解決方向を提案することができる。

　要するに、法務DDを通じて、買主は、買収対象の状況及び取引に影響する各レベルのリスクについて観客的に判断でき、買主は、取引を成立させるかどうか、他のスキームを選定するか、譲渡の価格を再調整する必要があるかどうか等、どのように譲渡契約書を作成するのか等について検討するための十分な根拠を獲得することができる。

■Q&A BOX■　V 3.1（3）	
Q&A（i）	Q：法務DDを実施する適切なタイミングはいつですか。 A：適切なタイミングは、案件によって異なりますが、基本的には、基本合意書、秘密保持合意書を締結した後に行われます。ただし、法務DDの結果によって、取引の実施が不可能であると判断しなければならない場合、時間とコストが無駄になります。そのため、厳密な法務DDを行う前に、譲渡相手から基本的な資料を入手し、ベトナムの弁護士による、主たる前提事項の精査を依頼することをお薦めします。

3.2　　　　　　　　　　　　　　　　　　　　　法務DDに関する流れ

　法務DDの主な業務は、弁護士によって行うものであるが、法務DDを円滑に行うために、売主、買主及び弁護士の三者間の相互的な協力が必要であるため、全ての当事者は、法務DDの流れを知っておくことを推奨する。

　買収対象に対する法務DDの流れと一般的な法務DDの流れは、それほど相違はないが、ベトナム不動産の特色に伴って、いくつかの留意点がある。

（1）全体の流れ
　買収対象に対する法務DDの流れは、主に以下の通りである。
　ⅰ．【弁護士】法務DD範囲の洗い出し
　　　　　　　　情報及び資料の開示の要請

ⅱ．【売　主】情報、資料の開示

ⅲ．【弁護士】開示情報、資料の精査、分析

　　　　　　　その他公開資料のリサーチ、確認

ⅳ．【弁護士、売主】ヒアリング、インタビュー

ⅴ．【弁護士、売主、買主】現地調査

ⅵ．【弁護士】法務DD報告書の作成、結果報告

（2）各プロセスにおける留意点

①　情報及び資料の開示の要請

　売主に対し、情報及び資料を開示要請する方法として、買主を通じて要請する方法と弁護士が直接売主にコンタクトし要請する方法の2つがある。比較すると、後者の方が迅速に実施可能である。

　もっとも、ベトナムの不動産プロジェクト、不動産に関して、ベトナムの権限を有する機関が発行する各種ライセンスや法定文書のタイトルは長く、独特の表現があるため、弁護士から外国人である買主に外国語で説明し、外国語で売主に要請する際に、様々な誤解や間違いが生ずることがある。

②　情報、資料の開示

　ベトナムでは、情報・資料の開示についてよく使用されるのは、ⅰ紙での情報・資料の開示、ⅱ電子データでの情報・資料の開示、ⅲバーチャルデータルームによる情報・資料の開示、ⅳフィジカルデータルームによる情報・資料の開示となっている。その内、不動産関係の法務DDを行う際、近年多く利用されているのは、ⅲバーチャルデータルームによる情報・資料の開示である。

　確かにバーチャルデータルームにアクセスし、開示データを確認するのは、弁護士にとっても、情報を開示する売主にとっても、最も簡便な方法である。しかし、不動産関係の資料等を精査する際に、データ化した書類のみの場合では信頼性が低いため、場合によっては原本（特に土地使用権証明書のような所有権、使用権を証明する書類）も合わせて確認する必要がある。

③　公開資料のリサーチ、確認

　売主が開示する情報・資料のほか、新聞、インターネット、企業ポータルサ

イト、裁判所のサイト、担保取引国家登記サイト、土地使用権登記事務所や、その他国家権限機関のポータルサイトに公開している情報を収集する必要がある。また、場合によって、売主が開示した不動産の使用権・所有権証明書が、土地使用権登記事務所に登記している情報と一致しているかどうか、土地使用権登記事務所に確認すべきである。

④　現地調査

現地調査については、法務DDを行う際に必須項目として入れる必要はない。しかし、プロジェクトの実施進行、不動産の状況又はその他紛争関係の有無をある程度確認するために、弁護士と同行することが望ましい。

3.3　　　　　　　　　　　　　　　　　　　　　法務DDの調査範囲

（1）概　要

買収対象に対する法務DDの範囲は、買主の希望によって調査範囲の調整が可能であるが、主たる調査範囲項目は、以下の通りである。

対象プロジェクトに対する法務DDの範囲	• 事業者の資格 • 譲渡に関する意思決定関係 • ライセンス、各種承認書類関係 • 投資額の構成 • 資金調達関係（融資関係） • 主たる契約関係（EPC契約、不動産売買契約、不動産賃貸借契約、保険契約） • 環境問題 • 贈賄関係 • 紛争関係
対象不動産に対する法務DDの範囲	• 所有権、使用権関係 • 譲渡に関する意思決定関係 • 担保関係 • 現地調査 • 紛争関係

（2）対象プロジェクトに対する法務DDの範囲

① 事業者の資格

　国家からリースを受けるか、割り当てられた土地使用権付きの投資プロジェクトである場合、プロジェクトの規模や重要性によって承認レベルが異なるが、人民委員会又は政府首相若しくは国会による承認を得る必要がある（ただし、工業団地内で実施するプロジェクトを除く）。

　プロジェクトの承認手続を行う際に、権限を有する機関は、同時に、当該プロジェクトを実施する事業者の資格を精査し、承認することになる。当初の事業者から別の事業者に譲渡が行われ、幾度も事業者が変わっているプロジェクトや事業者の構成が変更する不動産プロジェクトは少なくない。そのため、売主が、対象プロジェクトの事業者としての資格があるかどうか、つまり、プロジェクトを承認する際の各種承認証明書類に売主の名義の変更があるかどうかの確認が重要となる。

　プロジェクトを承認する最終的な書類は、投資方針承認決定書及び投資登録証明書（IRC）になるが、その前の段階においても、プロジェクトに関する提案の承認文書、土地使用ニーズの確認文書、プロジェクトのマスタープランの承認文書等といった承認書類や公文書等があるが、それらの書類も確認する必要がある。

② 譲渡に関する意思決定関係

　売主が民間会社である場合、対象プロジェクトを譲渡する際に、会社の内部決定は、それほど複雑ではないと考えられる。しかしながら、売主が、国営企業の場合、国営企業が出資者若しくは株主である場合又は国営企業とBCC契約を締結している場合においては、国営企業の内部決定を得るために様々な困難がある。

　そのため、国営企業との関係があるプロジェクトである場合、本格的な交渉などに入る前に、譲渡に関する国営企業の意思決定を取れるかどうか、取れる場合の必要な時間等を確認すべきである。

③ ライセンス、各種承認書類関係

　プロジェクトの目的によって、取得しなければならないライセンスが多少異

なるが、主なライセンスとして、以下のものが挙げられる。

　ⅰ．**プロジェクト全体関係**：投資方針承認決定書、投資登録証明書、その他
　　　プロジェクトに関する重要な事項を変更する際の承認書、公文書

　ⅱ．**土地使用権関係**：土地使用ニーズ確認文書、土地収用・賠償に関する決
　　　定書、土地使用目的の変更承認書、土地賃貸借契約書、土地の引き渡し確
　　　認書、土地使用権証明書、賃料関係の承認書類等

　ⅲ．**建設関係**：FS報告書の承認書類、建設プロジェクトの投資決定書類、マ
　　　スタープランの承認書類、建設計画縮尺1/500の承認書類、建築提案の承
　　　認書類、基本設計の承認書類、施工設計の承認書類、建設許可証等

　ⅳ．**環　境**：環境影響評価報告書の承認書類、環境保護計画の承認書類

　ⅴ．**その他**、プロジェクトを実施する際に個別に発行するガイドライン公文
　　　書

　ⅵ．**インフラ供給に関する各種合意文書**

注：一つのプロジェクトに、上記のすべてのライセンス、承認書類を有するわけではない。

④　**投資額の構成**

　投資額は、自己資本及び調達資金から構成される。法務DDを行う際に、投
資額について以下の3つのポイントを中心に精査する必要がある。

　ⅰ．自己資本について、事業者がすべての金額を出資したかどうかを確認す
　　　る。

　ⅱ．国家が承認した自己資本及び調達資金の枠において、増資する余地があ
　　　るかどうか確認する。

　ⅲ．国家が承認した投資額の出資、調達スケジュールがその通りに実施され
　　　ているかどうかを確認する。承認されたスケジュールの通りに行わない場
　　　合、行政罰を受ける可能性がある。

⑤　**資金調達関係（融資関係）**

　銀行等からの融資により資金を調達した場合において、融資契約を厳格に精
査する必要がある。この場合、融資契約のみならず、融資契約に関連するすべ
ての書類、融資契約の実施状況、担保設定契約、会社の財務諸表、その他融資
契約の債務不履行等の状況がある若しくはその状況に陥る恐れがあるかどうか

を重点的に見るべきである。

　融資契約の債務履行を保証するために、対象プロジェクト（厳密にいえば、対象プロジェクトの将来形成財産）に対して、抵当権を設定する場合、銀行等との融資契約や担保設定契約において、対象プロジェクトの譲渡を制限される可能性が高い。その場合の問題の指摘、対策の検討が必須となる。

⑥　主たる契約関係（EPC契約、不動産売買契約、不動産賃貸借契約、保険契約）

　主たる契約書を精査する目的は、重要な債権・債務、発生しうるリスク等を確認し、必要に応じて譲渡前に、当該契約の変更などを要求するためである。

　建設不動産プロジェクトに関する各種契約のうち、最も重要なのは、EPC契約であるため、厳格に精査する必要がある。EPCの請負者、下請業者が売主の関係者に該当するかどうか、EPC契約の金額が妥当であるかどうか、EPC契約の請負者、下請業者が十分に資格やライセンスを有するかどうか、契約の効力（全部若しくは一部の条項が無効になる可能性があるかどうか）等について重点的に精査する必要がある。

　住宅マンションや商業施設、若しくはオフィスビルの不動産プロジェクトである場合、建設が完成する前に、将来形成財産として不動産売買契約や不動産賃貸借契約を締結できる場合がある。特に住宅マンションである場合、ほとんどのプロジェクトは、基礎部分の検収完了後に販売できるため、資金を調達するためにマンションの分譲販売が行われる。この場合、販売条件を満たしたかどうか、販売契約のひな形の重要事項、販売した数、契約額の妥当性、その他不祥事行為があるかどうかについて重点的に精査すべきである。

　保険契約について、よくある法的な問題は、ⅰ強制保険の未加入、ⅱ保険契約期間の終了、ⅲ保険契約の被保険者ではないこと、などが挙げられる。

⑦　環境問題

　プロジェクトの規模により、当局が求める環境保護に関する手続が異なる。また、環境問題について、プロジェクトを実施する前に取得しなければならないライセンスを確認するのみならず、プロジェクトを実施する際に、環境法が求める環境を保護するための各種処置を行っているかどうか、環境法に違反する状況があるか、又は違反する恐れがあるかという点を確認しなければならない。

この内容について、よくある法的な問題としては、以下の点が挙げられる。

　ⅰ．環境影響評価報告書を作成しない、又は環境保護計画を作成しない違反
　　行為

　ⅱ．危険廃棄物、排水の流出が基準を超える違反行為

　ⅲ．環境保護施設の完成について当局の確認を取らない違反行為

　ⅳ．第三者との紛争、訴訟

⑧　贈賄関係

　いうまでもなく、ベトナムでの不動産プロジェクトを取得したり、実施した
りするとき、贈賄関係の問題が存在する。そのため、売主は、贈賄防止につい
てどれほど意識し、社内的にどのように対策しているかについて確認する必要
がある。ただし、贈賄行為があるかどうか法務DDを通じて発見することにつ
き多くを期待することはできない。

⑨　紛争関係

　紛争関係の確認は、売主から開示された情報・資料から発見するほか、裁判
所のポータルサイト、公証役場のデータベース、インターネット等を通じて確
認することもありうる。

（3）不動産に対する法務DDの範囲

①　所有権、使用権関係

　土地、その他土地上の建物の使用権・所有権について確認する際に、以下の
点が重要であると考えられる。

　ⅰ．土地使用権、住宅やその他土地上財産の所有権に関する証明書（以下、
　　「土地使用権証明書」という。）は、土地、その他土地上の建物の使用権・
　　所有権を確保するために最も重要なものである。しかしながら、所有権・
　　使用権を確保するのは、その土地使用権証明書のみならず、使用権・所有
　　権を取得した段階の各種書類も精査しなければならない。

　主たる書類は、以下の通りである。

【土地使用権】

(i)　土地使用ニーズ確認文書

(ii)　土地収用・賠償に関する決定書

(iii)　土地使用目的の変更承認書

(iv)　賃料徴収に関する決定文書

(v)　賃料支払済証明書類

(vi)　土地使用権の割当決定書

(vii)　土地賃貸契約書（国家との賃貸借契約書、若しくは第三者との賃貸借契約書）

(viii)　土地の引渡確認書

(ix)　土地使用権証明書

(x)　その他書類（土地使用権で出資する事業協力契約書、合弁契約書等）

【建物の使用権】

(i)　FS報告書の承認書類

(ii)　建設プロジェクトの投資決定書類

(iii)　マスタープランの承認書類

(iv)　建設計画縮尺1/500の承認書類

(v)　建設物の高さに関する承認書類

(vi)　建築提案の承認書類

(vii)　基本設計の承認書類、審査書類

(viii)　施工設計の承認書類、審査書類

(ix)　建設許可証等

(x)　建設完成分の検収議事録

(xi)　その他（EPC契約等）

ii．上記の各種書類を通じて、a.使用権・所有権の有無、b.土地使用権、建設物に関する重要な項目、仕様及び各書類に記載する項目、仕様の統一性の確認、c.土地使用権、建設物の使用、建設状況を検討する必要がある。土地使用権、建設物に関する重要な項目、仕様は、以下のものが考えられる。

【土地使用権】

(ⅰ) 土地の所在地

(ⅱ) 面積（その内、建設できる面積、庭・内部道路、地下用等の土地面積、道路等のインフラ整備に関する計画に入っている面積）

(ⅲ) 賃貸期間

(ⅳ) 賃料支払状況

【建設物】

(ⅰ) 建設フロアの面積

(ⅱ) 建設密度

(ⅲ) 建設物の高さ

(ⅳ) 建物の階数（地下、屋根裏フロア）

(ⅴ) 各フロアごとの面積、使用目的

　上記の通り、土地使用権証明書は最も重要なものである。そのため、売主が提供する土地使用権証明書が正確であるかどうか厳密に確認しなければならない。ただし、残念ながらベトナムでは、不動産の登記制度はあるが、日本のような登記情報を公開し、だれでも確認できる制度がない。そのため、土地使用権証明書の正確性を確認するために、個別に資源環境局に配属されている土地登記事務所に申請しなければならない。

　現行の法制度では、土地使用権、建物の使用権・所有権を証明するものは、上記の通りに「土地使用権証明書」であるが、政治制度の変更、法規定の改正などにより時期によって、政府が求める使用権・所有権の証明書類が異なる。例えば、現在でも、古い政権（1993年10月15日以前の北部の政権、南ベトナム共和国）が発行した土地使用権に関する証明書類を認めている。

　どのような不動産プロジェクトでも、土地使用権証明書を取得するわけではない。もっとも、土地使用権証明書を取得すれば第三者に対する対抗力が発生し、安定的に使用することができる。紛争等が発生しない限り、土地使用権証明書を取得しなくてもプロジェクトを進めることができる。しかし、土地使用権が元々国営企業の保有である場合や、何回も譲渡されたプロジェクトである場合に、売主が土地使用権証明書をまだ取得していなければ、土地使用権証明

書を取得できる十分な条件を満たすかどうか、取得しない場合の支障、取得する際に発生しうるコスト等を検討しなければならない。

② 譲渡に関する意思決定関係

前述**V**3.3(**2**)の②を参考照。

③ 担保関係

不動産プロジェクトを実施するに際して、銀行等からの融資を通じて資金を調達することが一般的である。その際、銀行との融資契約の債務履行を保証するために、土地使用権、土地上の建設物若しくは将来形成不動産に対して抵当権を設定することがある。その場合、抵当権設定契約を精査する必要が出てくる。抵当権設定契約を精査する際の重点は、以下の通りに考えられる。

ⅰ．抵当権設定契約の有効性、妥当性

ⅱ．抵当権設定の対象物の調査

ⅲ．抵当権設定契約の登記状況

   抵当権設定契約の登記状況は、以下のリソースで検索することができる。

　(ⅰ) 環境資源局に配属する土地登記事務所

　(ⅱ) 司法省に配属する担保取引の国家登記局が運営するポータルサイト

　　　https://dktructuyen.moj.gov.vn/dtn_str/search/public/

　(ⅲ) 公証役場のデータベース

ⅳ．抵当権設定対象物に関する紛争の有無（抵当権をまだ抹消していないのに、第三者に抵当権設定対象物を譲渡する等）

   担保制度に関する詳細の内容は、**Ⅳ**6担保制度を参考とする。

④ 現地調査

上記の通り、現地調査は、法務DDを行う際に必須精査項目ではないと考えられる。しかしながら、紙による書類で確認できた内容と実際の状況が異なるケースがしばしば見受けられる。特に、土地の侵害、占有、破壊等といった紛争状況、違反状況について、現場で確認しなければ、書類だけで発見しにくいこともある。

また、現地調査を通じて、書類で確認した様々な情報をより明確化し、理解が容易になるというメリットもある。

現地調査を行う場合、できれば売主、買主の責任者又は担当者と同行することが望ましい。また現地調査を行った後、その場で売主、買主が署名する議事録の作成が望ましい。

⑤　紛争関係

　前述Ⅴ3.3(2)の⑨を参照。

4 **不動産譲渡契約**

4.1 不動産譲渡契約の締結に関する留意点

　本書で述べる不動産譲渡契約は、不動産及び不動産プロジェクトの譲渡契約
を意味する。

　不動産譲渡契約は、不動産、不動産プロジェクトの譲渡取引において最も重
要であり、法務DDの結果を反映しながら、両当事者の十分な意思を表すもの
である。そのため、不動産譲渡契約を作成し、締結する際に、様々な点に留意
しなければならないが、以下に述べるのは、不動産譲渡契約を締結する前に必
ず実行しなければならない手続上の留意点である。不動産譲渡契約の内容につ
いては、以下Ｖ4.2（不動産譲渡契約の重要条項）において述べるものとする。

（1）不動産譲渡契約の効力の確保

　不動産譲渡契約を締結する前に、今後当該契約の効力に関する紛争が生じな
いように、売主が適法な意思決定を行ったかについて十分に確認する必要があ
る。

　ｉ．売主の社内的な意思決定に関する手続を十分に履行したかどうか。

　　売主が会社である場合において、譲渡対象である不動産及び不動産プロ
　ジェクトが、その会社の重要な財産である可能性が高い。その場合、会社
　の所有者、社員総会、株主総会の承認を得る必要がある。具体的には、以
　下の通りになる。

　（ⅰ）一人有限責任会社の場合

　　譲渡対象財産が、会社の直近財政諸表に記載された財産の総額の50%
　以上、又は会社の定款に定めるそれよりも少ない割合若しくは価額以上
　である場合、会社の所有者の決定が必要である。

(ii) 二名以上有限責任会社の場合

譲渡対象財産が、会社の直近財務諸表に記載された財産の総額の50%以上、又は会社の定款に定めるそれよりも小さな割合若しくは価額以上である場合、社員総会の議決・決定が必要である。

(iii) 株式会社の場合

譲渡対象財産が、会社の定款が異なる割合又は価額を規定する場合を除き、会社の直近財務諸表に記載されている財産の総額の35%以上の価額である場合、株主総会の議決決定が必要となる。

具体的にどのような社内的な手続を行う必要があるか、どのような条件を満たせば行う必要があるかについて、会社法、会社の定款、その他の社内規程を確認しなければならない。

また、社員総会又は株主総会の決議決定を得る必要がある時、場合によって当該社員総会、株主総会の会合が適法であるかどうかまで確認が必要である。

ii．不動産譲渡契約に署名する法定代表者が十分な権限を有するかどうか。

不動産譲渡契約に署名する法定代表者が当該契約に署名する権限を有さない場合、契約が無効になる可能性がある。そのため、前もって、署名する代表者の権限を確認すべきである。特に、法定代表者が複数いる場合である。

まず、契約に署名する者が、売主の法定代表者であるかどうかを確認する必要がある。法定代表者については、会社の事業登録証明書、会社の定款、及び企業登録ポータルサイトで確認することができる。また、法定代表者の権限を確認できる書類は、会社の定款、委任状、その他所有者、社員総会、株主総会の議決決定である。

複数の法定代表者がおり、契約に署名する者の権限を厳格に確認することができない場合、その代表者以外の残りの法定代表者から委任状を取ることが最良である。

（2）不動産譲渡契約の公証手続

不動産譲渡契約の譲渡対象は不動産であるため、契約の効力を発生させるために、公証役場で公証手続を行わなければならない。

公証役場で公証手続を行う時、両当事者の合意内容が法律に違反する場合を除き、公証人は、両当事者が合意した契約の内容を重視し、その内容を認めるのが原則である。しかしながら、公証人が、自己の責任を回避するために、契約の条項に様々コメントし、修正の要求を行う場合もある。そのため、公証役場で公証手続を行う前に、公証人に契約案を送付して、意見を求めることが望ましい。

（3）その他

譲渡対象の不動産や不動産プロジェクトについて、既に抵当権を設定した場合には、譲渡契約を締結する前に、抵当権設定者による抵当権の抹消合意書、抹消登録を確認する必要がある。

契約の言語について、基本的に両当事者が自由に選択することができるが、公証手続を行い、事業者の更新手続、不動産登録証明書の更新手続を行うために、ベトナム語版の契約を提出しなければならない。また、当局側は、提出されたベトナム語版のみを確認することになるため、ベトナム語の正確さも確保する必要がある。

4.2 不動産譲渡契約の重要条項

（1）頭　書

頭書には、以下の内容を定めるのが一般的である。

　i．当事者の情報

　ii．経　緯

　iii．定　義

　iv．契約の解釈

　v．契約の目的

注 • 当事者に関する情報の表示について、日本の契約とベトナムの契約で相違がある。ベトナムでは通常、当事者の以下の情報を契約の頭書に記載する。
　　　✓ 会社名
　　　✓ 所在地
　　　✓ 企業登録証明書番号、発行日、発行機関
　　　✓ 電話番号　ファックス
　　　✓ 銀行口座の情報（名義、番号、銀行名）
　　　✓ 法定代表者の情報（氏名、職位、連絡先、ID情報）
　• 経緯については、契約に必ず記載する必要があるわけではない。経緯を記載するのであれば、従前からの取引の経過、全体のスキームを記載する。
　• 契約の目的は、重要な条項である。また、「重大な悪影響」に関する条項（MAC条項）を、この契約の目的の条項に規定することも考えられる。

（2）譲渡対象物

① 不動産プロジェクトについて

　譲渡契約に定める不動産プロジェクトの情報（特に許認可関係）は、必ず精査した当該プロジェクトに関する各種許認可に定める内容と一致する必要がある。

　不動産プロジェクトは、一般的に、ⅰ各種許認可、ⅱ各種契約（事業者が既に締結した資金調達契約、EPC契約、保険契約等）、ⅲプロジェクトに付随する資産（インフラや流動資産等）から構成されている。

　譲渡契約においては、それぞれの構成部分を明らかにし、譲渡時点の状況を記載する必要がある。不動産プロジェクトを構成する上記の3つの資産の内、何らかの債権・債務を譲渡対象外とする場合には、明確に定める必要がある。

② 不動産について

　譲渡契約に定める不動産に関する情報は、必ず土地使用権証明書に記載されている内容と合致する必要がある。ただし、土地使用権証明書があれば簡易に情報を参照することができるが、土地使用権証明書を未だ取得していない場合が少なくない。

　土地使用権証明書を未だ取得していない場合、譲渡した後に買主の名義で取得するのが一般的である。その際、譲渡契約を締結する時、仮の情報を入力し、買主の名義で土地使用権証明書を取得した後、当局が、土地の面積や、使用期間等といった当該土地使用権証明書に認める情報を反映するのが通常である。

（3）前提事項

　前提事項は、大きく分けると、譲渡契約の債務履行前の条件と譲渡契約履行中の条件がある。ただし、譲渡契約履行中の前提条件を定めるケースは少ない。譲渡契約履行中の前提条件について、比較的よく見られるのは、インフラを伴う不動産プロジェクトを譲渡する際に、譲渡契約を締結し、不動産及び不動産プロジェクトを売主から買主に引き渡すが、引渡し後も引き続き売主がインフラを完成しなければならないという条件を定める場合である。

【譲渡契約の債務履行前の前提条件】

① 　一般前提条件（通常、買主及び売主の両者について定められる）

　　 ⅰ．買主及び売主は、譲渡契約を締結し履行するため、ベトナム法上求められる資格条件を満たしていること

　　　　買主：譲渡契約により不動産及び不動産プロジェクトを取得するために必要な、不動産事業の登録や、不動産プロジェクトの事業者としての資格が求められる。

　　　　売主：不動産、不動産プロジェクトを譲渡するための国家権限を有する機関による承認等を得たこと

　　 ⅱ．譲渡契約の締結及び履行に関して、買主及び売主が社内意思決定手続を行ったこと

　　 ⅲ．譲渡契約の締結及び履行について、ベトナム国家機関、裁判所、仲裁による中止、停止の命令や指示を受けていないこと

　　 ⅳ．エスクロー契約を締結したこと（有する場合）

② 　**売主に対する前提事項**

　法務DDの結果に基づき、譲渡契約を実施する前に、売主が成就しなければならない条件を定めることができる。許認可の取得、国家機関や第三者の承認、インフラの整備などを前提条件として定めるのが一般的である。売主が、それらの条件をスケジュールの通りに満たすことができない場合、買主が契約を解除する権利があり、売主に支払った金額の返還要求及び損害賠償金の請求に関する権利が発生する。

（4）譲渡額

譲渡額は、当事者が自由に定めることができる。ただし、譲渡契約を締結した後、税金を納税する必要があるため、その点を考慮した金額を設定する必要がある。

また、譲渡金額の調整に関する条項も定める必要がある。売主が認める範囲での土地使用権の面積、使用期間の変更、前提事項の不成就等に伴う譲渡金の変更である場合に適用するための条項である。

（5）支払条件

支払条件は、通常以下の内容を定めるものである。

ⅰ．支払方法

ⅱ．支払スケジュール

ⅲ．入金口座

ⅳ．エスクロー契約を締結する際に、それに合わせてエスクロースケジュール等も定める必要がある。

（6）表明保証

不動産譲渡契約における売主による表明保証条項は、主に以下の内容を含む。

ⅰ．**売主の資格**：⒤合法的に設立され、存続すること、⑪破産手続の開始、弁済不能状態ではないこと、⑬譲渡契約の締結、履行に関する十分な権限を有すること

ⅱ．**取引の有効性**：譲渡契約は、⒤会社の社内規程、合意文書、株主間の契約等、⑪ベトナム法律規定、⑬国家機関、裁判、仲裁による命令、判決等、⒣第三者との合意等に違反しないこと

ⅲ．**譲渡対象である不動産、不動産プロジェクト**：⒤売主が譲渡対象の不動産、不動産プロジェクトの合法的な所有者であること、⑪対象物に抵当権が設定されていないこと、⑬譲渡対象について第三者との紛争がないこと、⒣譲渡対象の不動産が別の土地使用計画に入らず、国が回収する予定がないこと、⒱不動産プロジェクトに関する契約、不動産プロジェクトの事業

者として締結した契約については、合法的に成立し当該契約の違反状況が
ないこと

iv．**開示した情報・資料**：買主に開示した情報、資料が事実かつ十分であるこ
と

　買主の場合、事実の表明及び保証条項は、通常買主の資格（(i)合法的に設立
され、存続すること、(ii)破産手続の開始、弁済不能状態ではないこと、(iii)譲渡
契約の締結、履行に関する十分な権限を有すること）及び財務能力について規
定するものである。

（7）一般条項

　一般条項について、通常以下の条項が定められている。

ⅰ．最終条項、変更条項

ⅱ．権利放棄の不存在

ⅲ．分離条項

ⅳ．言　語

ⅴ．準拠法

　　譲渡契約の譲渡対象が、ベトナムにおける不動産を含むため、不動産関
　　係の準拠法は、ベトナム法に基づく必要がある。

ⅵ．管　轄

　　裁判の中立性から考えれば、第三国の仲裁センターがよく選択されるが、
　　シンガポールやその他第三国の仲裁センターで判決を受けた後、ベトナム
　　で執行しなければならない場には、ベトナムの管轄裁判所で当該仲裁判決
　　の承認手続を行う必要がある。その場合、外国で取得した仲裁判決がベト
　　ナムの基本規則に違反した場合、裁判所は、当該仲裁判決の執行承認を否
　　定する権限があるため、ベトナムで執行することができない。したがって、
　　執行の観点から見れば、ベトナム仲裁センターを選択することも考えられ
　　る。

VI

ベトナムにおける
不動産賃貸のプラクティス

1 総　論

　ベトナムの賃貸不動産事業は、賃貸不動産への需要の高まりとともに、非常にダイナミックに発展してきた。もっとも、2020年初頭からのCOVID-19の流行の影響により、賃貸不動産市場は落ち込み始め、これまでにあらゆる不動産市場が急激に下落した。COVID-19パンデミック以前は、小売店舗用の物件全体において、賃借割合が90％以上を占めたが、COVID-19パンデミックの発生後、その割合は約40％に低下した（出典：kinhtedothi.vn）。外国人向けのオフィス、工場、住宅の不動産市場も大幅に下落した。需要の減少に伴い、賃貸物件の賃料もパンデミック前と比較して20〜30％下落している。

　不動産賃貸の規定は複数の法典、法、実施ガイドライン文書に定められている。そのうち、民法は財産賃貸借契約を規定し、住宅法は住宅賃貸借契約を規定し、不動産事業法は住宅・建物の賃貸借について規定している。これらの法令の殆どの規定は、賃貸借契約の主な内容、賃貸人及び賃借人の権利と義務、契約終了時の問題に関する任意規定である。賃借人の最低限の権利を確保するための強行規定を除いて、法令は不動産の使用権者、所有者の処分権、及び契約当事者の合意の自由を尊重するものである。

　したがって、本章においては、賃借人（ベトナムで不動産の賃借を希望する外国人個人又は組織）が賃貸借契約を締結する前の基本的な知識を提供するために、法令で定められた内容とともに、実務上の注意事項やいくつかの典型的な不動産の種類における不動産賃借取引の商習慣について言及する。

　住宅、住宅目的ではない一戸建て、その他建物のほか、土地使用権も賃貸借の対象である。土地使用権の賃貸借については土地法に定められている。ただし、本章では、一般的な土地使用権の賃借の内容については説明せず、工業団地における土地使用権の賃借を実施する際の注意事項についてのみ説明する。

2 賃貸不動産の選定 （賃貸目的別に注意すべき点）

2.1　　　　　　　　　　　　　　オフィス用物件の賃貸

（1）オフィス賃貸の状況

　COVID-19の影響で賃貸オフィスのマーケット区分は劇的に変動した。具体的には、中級オフィスの供給量は著しく増えている一方で、高級オフィスの供給量は変化がない。他に、バーチャルオフィス及びコワーキングスペースも深刻な影響を受けている。原因としては、これらの使用者が主に中小企業やスタートアップ企業であり、景気低迷の影響を受けやすいことにある[1]。

　コロナ禍による業務形態の変更や新たなテクノロジーの使用は、オフィスの形態にも影響を与える。しかし、伝統的な形態のオフィスが無くなることは考えにくく、コワーキングスペースにくらべると伝統的なオフィスの方がむしろ優先される可能性がある。

　ここでは、賃貸オフィスを選ぶときの注意点について述べたい。ここで取り上げるのは、主に伝統的な賃貸オフィスの選択における注意点であるが、いくつかの点はバーチャルオフィス及びコワーキングスペースを選ぶ際にも意味があると考える。

（2）オフィス分類

　使用目的からすると、現在のベトナム不動産マーケットには、伝統的なオフィス、バーチャルオフィス、コワーキングスペースの三つのオフィス類型がある。

　　ⅰ．伝統的なオフィス類型は、賃借人の使用目的のために、一定の個別のスペースを賃貸する形である。この類型は安定性があり、プライバシーやスペースに対する賃借人の自主性を確保できるので、一番よく選ばれる類型

1　Savills Asiaの2020年第1四半期付オフィスマーケットについての新聞発表による。

である。

ⅱ．二つ目はバーチャルオフィス類型「Virtual Office」である。この類型は、賃貸人が、企業登録手続を行うための住所を賃借人に提供し、その住所で賃借人の郵便物や文書を受け取るが、賃借人の従業員はこのオフィスの住所で勤務せずに、リモート勤務を行う。この類型が最も費用を節約できるので、小会社により選択される場合が多い。

ⅲ．三つ目はコワーキングスペース類型「Co-Working Space」である。この類型では、賃借人の従業員が共有スペースで賃借人に所属しない人と勤務することになる。賃借人が座席数、日数や時間に応じて賃貸借期間を決めることができ、費用を節約できるので、この類型は柔軟性が高いと評価できる。

賃貸オフィスがある建物のランクからすると、A、B、Cの三つのオフィス類型がある。このランクは建物の所在地、設備と賃料に基づく。このランクは政府やベトナム不動産協会のような独立した第三者により発行されたランクに基づくものではなく、建物を管理する会社や不動産仲介会社の標準及び経験に基づくものであるので注意する必要がある。

（3）賃貸オフィスの選定

賃借人によって賃貸オフィスを選ぶ基準は違う。しかし、ベトナムにある賃貸オフィスマーケットは多様なので、賃借人の選択肢は多い。ただ、賃貸オフィスを比較するための明確な規準がなければ、選択は難しくなる。

以下、賃貸オフィスを選ぶ際に確認が必要である項目のチェックリストを提案する。

建物のパラメーター			
場所		階の高さ	
周辺交通	「場所及び周辺地域の地図」	天井の高さ	
近隣周辺		床の面積	
		駐車場・駐輪場	

賃料及び賃貸面積

合計賃料		賃貸面積	
賃　料		駐輪料	
サービス料		駐車料	
□ エアコン使用料金込み □ エアコン使用料金抜き		電気代	
使用時間[2]		オーバータイム料金	
その他の料金			
敷　金			
仲介手数料	□ ある	□ ない	
内装工事期間（無料）			

サービス及びユーティリティ

エレベーター	数量 スピード	電話線	
オフィスからの眺め		インターネット	
予備電気		掃除サービス	
防火・消火システム	□ 十分	□ 不十分	
周辺ユーティリティ			

建物を管理・運営する会社

数年の経年がある。
管理・運営が適切。
透明性のある管理規則
セキュリティーが良い。
メンテナンスサービスがある。

その他の項目

同じ建物・同じ階にいる賃借人「ポテンシャルのパートナー」

2　ベトナムでは、賃貸オフィスの使用時間が決まっているのが一般である。例えば、月曜日〜金曜日（8時〜19時）である。賃借人がこの時間以外に賃貸オフィスを使用すれば、賃料に加えて、超えた分のオーバータイム料金を支払う必要がある。

場所について：交通アクセスの便利さ、ラッシュアワーの交通渋滞の状態、大雨がある時の洪水が発生する可能性、周辺地域が市場のアクセスに適しているかどうか等に注意する必要がある。

賃貸面積について：社員の増加・減少を予見した上で、適切な面積を賃借したほうが良い。他に、教育やクリニック等の経営分野によっては、最低賃貸面積が法律により規律される場合がある。

（4）賃料、サービス料、ユーティリティ料

賃貸オフィスの賃料は、賃貸オフィスの場所、賃貸面積、建物のインフラ及びサービス等の要素に依存する。賃料にはサービス料や実際に使用したユーティリティ料が含まれないことに注意する必要がある。サービス料は、建物全体の警備、メンテナンス、受付、共有スペースに使う電気・水道・照明、エレベーター運営、殺虫、植栽の管理等の一般管理料である。サービス料は建物のランクによって変動する。ユーティリティ料は賃借人が賃借するスペースで実際に使用した電気代・電話代・インターネット代、一定台数の無料の駐車・駐輪を除く駐車料・駐輪料等である。

その他に、賃料は賃貸面積、賃貸期間、賃貸人により一定期間提供される優遇等に基づいて交渉できる。一方、賃料は賃貸人又は賃貸人の代理人に直接にアクセスするか、仲介会社を通じて行うかによって異なることがある。したがって、最良の賃料でオフィスを賃借するために、すべての要素を検討する必要がある。

（5）オフィスの準備期間

オフィスの準備及び内装工事期間について：賃貸オフィスに引っ越しする前に、賃借人が新しく内装を設定するのが一般的である。この内装工事期間の賃料が無料又は割引になるかどうか賃借人は賃貸人と交渉できる。実際には、賃借人がオフィス内装工事や室内装飾を完了させるために、賃貸人が賃貸面積などを考慮して賃料の5日〜60日分を無料にするのが一般である。しかし、賃借人はこの期間に発生するサービス料は支払わなければならない。

（6）物件のインフラとサービス

　建物のインフラ及びサービスには駐車場・駐輪場、防火及び消火システム、エレベーターシステム、掃除サービス、受付、警備等が含まれる。駐車場・駐輪場については、賃貸人が賃借人に一定台数の無料の駐車・駐輪を認めるのが一般的である。賃借人の駐車・駐輪ニーズがこの無料提供の数を超える場合、賃借人は超えた分の料金を支払わなければならない。

　予備発電機に関して、ベトナムでは停電が珍しいことではないので、賃借人は建物には予備発電機を設置するかどうか、その発電機の電気容量が建物全体の運営に十分であるかどうかを確認する必要がある。他に、賃貸オフィスで勤務の円滑性を確保するために、賃借人は建物内での電話の電波状態、インターネット接続の安定性も確認しなければならない。それに加えて、賃貸オフィス内の賃借人の財産の安全性を確保するために、建物全体のセキュリティを検討すべきである。オフィス賃貸借契約書を締結する前に、防火及び消火システムの運営の円滑性の確認も重要である。

（7）その他

　上記に加え、オフィスを賃借する際に、現地法人、現地支店若しくは現地駐在員事務所といった拠点の所在地又は小売店舗やクリニック等の店舗や教育センター（合わせて、「店舗」という）の住所として、賃借オフィスの住所を登録することができるかどうか確認する必要がある。

　具体的には、①当該拠点、店舗を登録する際に必要な所在地物件に関する書類がオーナーの手元に存在するかどうか及び②各種書類が存在する場合にオーナーから提供してもらうことができるかどうか、という点である。拠点の種類、店舗の経営事業によって、登録する時に当局が求める書類が異なるため、事前に法律事務所か専門家に相談することが望ましい。

　参考として、当局が求める書類は以下のいずれかになる。

　ⅰ．物件の土地使用権証明書

　ⅱ．物件の所有権証明書

　ⅲ．物件の建設許可証

iv．物件事業の不動産事業者としての資格を証明する書類

ⅴ．物件の消防ライセンス

また、物件によっては、拠点や店舗を設立することができない場合もある。例えば、消防ライセンスを取得していないことや、土地使用料を十分に納めていないことを理由に、政府の命令により拠点や店舗の設立が禁止される場合である。この点も留意しながら、物件を選定したほうが良い。

2.2 住宅用物件の賃貸

　ベトナムへの外国投資活動の拡大に伴い、外国人全般、特にベトナム在住の日本人が増加している。この傾向により、住宅賃借需要は、高級セグメントだけでなく、中間セグメントにおいても増加している。

　ただし、2019年半ば以降の住宅用不動産市場は、長期的な新型コロナウイルスの流行及び入国制限政策の影響を大きく受けている。これにより、ホーチミン、ハノイ、ダナンなどの大都市のすべての種類の住宅用不動産の賃借に関する需要は減少している。他方で、かかる状況は賃借人に賃料や他の賃貸条件を交渉する上で有利といえる。

（1）住宅用物件の種類

　住宅用不動産は、建物構造と設備により、個別住宅と共同住宅の2つの主要な種類に分類される。そのうち、個別住宅は、一戸建住宅、半戸建住宅、別荘、及び農村の伝統的な住宅などで構成される。

　住宅用不動産は、目的や利用者により、商業住宅、公務住宅、再定住用住宅、社会福祉住宅に分けられる。

　そのうち、外国の個人や企業にとって、取引頻度が最も高い住宅の種類は商業住宅である。それを踏まえて、本項では商業住宅のみを述べるものとする。

　以下は、住宅の種類の概要である。

共同住宅		商業住宅	
個別住宅	別　荘	**商業住宅**	住居系地域に おける住宅
	半戸建住宅		
	一戸建住宅		

　個別住宅について、商業住宅（商業住宅プロジェクトの住宅）と住居系地域における住宅という2種類がある。

　賃借の形態については、住宅を所有・使用する権利を有する個人、家族から住宅を賃借する形式及び投資家又は管理運営組織から住宅を賃借する形式という2つがある。

　外国の組織、個人について、上記の如何なる住宅の種類に対しても、賃借条件に制限はない。ただ、入国・居住に関する法律の規定により、外国人が、ベトナムに滞在・在留する時、滞在、在留の申告や登録に関する手続を行う必要がある。そのため、この手続を行う際、賃貸住宅の場所により、その住宅が仮に政府が指定する治安・防衛区域に所在する場合において、滞在・在留の登録が拒否される場合がある。このような場合は非常に稀だが、住宅賃貸借契約に署名する前に、留意して確認すべきである。

（2）賃貸住宅の選定

　賃貸住宅の選択は、賃借人の具体的なニーズや状況による。ただ、ベトナムの住宅市場は非常に多様である。選択肢が多いため、住宅を選択する際に各候補物件を比較しながら真剣に検討しなければ、本来なら自分が求める条件を満たす住宅を選択することができるにもかかわらず、検討の不足により不満のある住宅を選択してしまう可能性がある。

建物のパラメーター

場　所		エレベーター	
周辺交通	「場所及び周辺地域の地図」	駐車（輪）場	
近隣周辺		家の前の道路	

賃料及び賃貸面積

総合賃料		賃貸面積	
賃　料		寝室の数	
サービス料		トイレの数	
		バルコニーの数	
部屋 / フロアの機能			
その他のユーティリティのサービス料	電気代、水道代、インターネット代、ケーブルテレビ代、掃除サービス料、駐車（輪）場代		
敷　金			
仲介手数料	□　ある　　　　　　　□　ない		

ユーティリティ、セキュリティー

設備 / 備品		セキュリティー	□ 良 □ 良くない
オフィスからの眺め		騒音	
周辺ユーティリティ			

建物を管理・運営する会社（ある場合）

□ 数年の経験がある。
□ 管理・運営が適切
□ 透明性のある管理規則
□ セキュリティーが良い。
□ メンテナンスサービスがある。

その他の項目

ⅰ．家主は、企業の経費を決算するための領収書と賃貸に関する証書を提供するために協力するかどうか。
ⅱ．賃貸住宅の場所は、政府の規制にしたがって国防と安全が確保されている地域にあるかないか。
ⅲ．契約終了前の通知期間はどのくらいか。

（3）賃貸借契約を締結する前の確認

賃借人は、賃貸借契約を締結する前に、賃貸人が該当不動産の合法的所有権・使用権を有するかどうかを確認する必要がある。所有権・使用権を確認するために、賃貸人に次のような法的文書の提示を求め、確認することができる。

　ⅰ．土地使用権、土地に定着する住宅その他の財産の所有権証明書

　ⅱ．賃貸人が他人に住宅を転貸できる権利を有することが書かれている賃貸借契約（賃貸人が他人から土地使用権をリースしている場合）

　ⅲ．委任状など

この調査により、賃借人が敷金と前払家賃（ある場合）を詐取される危険を回避するのに役立つ場合もある。

（4）賃貸住宅の実際検査

適切な不動産を選択するためには、仲介会社又は賃貸人から提供された写真や情報に頼るだけでは不十分で、賃借人は直接検査するために賃貸住宅に行く必要がある。検査内容は、以下のものを含むがそれに限らず、施設・内装・付属設備の安全性、使用状態の検査を含むものとする。

　ⅰ．ドアのシステム（メインドア、窓、パーティションドア）

　ⅱ．電気・水道のシステム（電灯、スイッチ、コンセント、蛇口、下水溝、トイレ）

　ⅲ．付属設備：テレビ、キッチン用品、エアコン、冷蔵庫など

　ⅳ．内装：ソファ、ベッド、箪笥、内装飾りなど

上記の検査は記録書に記録され、賃貸人によって確認されるべきである。

ベトナムの都市部における騒音公害は非常に厳しい状態である。交通騒音に加えて、近隣の事業所（カラオケバー、遊園地、レストランなど）や工事中の建物からの騒音も住民の生活に少なからず影響を与えている。そのため、賃貸住宅をチェックする際には、交通状況、騒がしい事業所や工事中の建物の有無などの周辺状況を確認する必要がある。

住宅構造について、賃借人は騒音公害に敏感な場合に備えて、間仕切り壁の防音状態を確認するべきである。

（5）会計関係の留意点

　ベトナムに設立された外国組織又はベトナムに設立された外国組織で働いている外国人である賃借人は、住宅を賃借するとき、住宅賃貸借関係を証明するための領収書、証憑が必要となる。それらの領収書、証憑はベトナムに設立された外国組織の損金に算入するために必要な資料となる。そのため、賃料に関連する領収書、レッドインボイス（公式領収書）、証書等の提供について賃貸人に確認することは非常に重要である。

　賃貸人が法人（不動産業の企業）の場合、レッドインボイスの発行は簡単である。ただし、賃貸人が個人の場合において、特に個人としての事業体を登録していない場合や、外国人に住宅を賃貸した経験がない場合は、賃貸人に賃料の領収書等を求めることが困難なことがある。その際、両当事者は、賃貸人の賃料に対する納税責任と納税手続について明確に合意する必要がある。賃貸人が自分で申告して納税を行う場合は、賃借人の会社損金算入のために、賃貸人は納税領収書を賃借人に提供する必要がある。

（6）その他

　外国人はベトナムで住宅用不動産を賃借する場合、ベトナム国内の不動産市場に不慣れで、時間も節約したいため、知人を通じて賃貸物件を探すことがよくある。

　ただし家賃が高すぎたり、仲介手数料に多額のお金を費やしたり、詐欺のリスクに直面したりすることを避けるためには、賃借人は評判の良い不動産仲介会社を探して、それらの仲介会社を通じて適切な住宅を探すべきである。

2.3　　　　　　　　　　　　　　　　　　　製造拠点の賃貸

　Ⅰ4で述べたように、新型コロナウイルスの流行にもかかわらず、ベトナムの工業用不動産市場は一定の発展を遂げ、供給が増加した。しかし、需要はまだ大幅に増加したわけではなく、ベトナム政府は、東南アジアへの投資の波に伴い、製造企業がベトナムに工場を設立することを歓迎している。

　約10年から15年前、外国人投資家向けの工業用不動産市場は、ベトナムに生産・加工施設を設置する大企業のみを惹きつけていたが、最近は中小企業も関心を示し、中小工場も数を増やし始めている。

（1）生産工場の取得方法

　ベトナムに生産施設を設立するためには、生産拠点（工場）を保有する必要がある。この場合、工場を保有するために、主に①土地を賃借し、工場を建設する方法と②既存の工場の賃借という方法がある。

　ⅰ．土地を賃借し、工場を建設する方法については、借りられる土地は工業
　　　地帯、経済地帯、ハイテク地帯にあるか、当該土地が製造拠点を設立す
　　　ることができる土地でなければならない。この土地の使用目的を確認するに
　　　は、土地使用権証明書や、土地使用計画等を通じて行うことができる。

　ⅱ．既存の工場の賃借の方法については、工業地帯、経済地帯又はハイテク
　　　地帯内にある工場若しくは工場の土地使用権の使用目的の適合性を含め合
　　　法的に建設した工業地帯、経済地帯又はハイテク地帯外にある工場を借り
　　　ることができる。

（2）生産工場の選択に必要なチェックリスト

　土地を賃借し工場を建設する方法と既存の工場の賃借の方法のどちらでも、金額が高額であり、事業者の事業活動に密接な関係がある。したがって、賃借場所を選択する際には、自らが求める条件等を明確にして、それに基づき真剣に検討することが非常に重要である。

以下は、土地を賃借し、工場を建設する場合と既存の工場の賃借の場合において、検討すべき項目のチェックリストである。

土地を賃借し、工場を建設する場合			
土地使用権			
工業団地		工業団地の位置	
周りのインフラ		総合面積	
周りの交通	（位置と周辺地域の地図）	内部道路幅	
近隣の位置（特に港の位置）		地域全体の土地利用期限	
優待政策			
その他の確認事項	ⅰ．工業団地の土地利用状況について紛争や法律違反の状況があるかどうか。 ⅱ．工業団地に同じ業界の企業があるかどうか（労働供給競争に関する側面）		
賃貸価格と賃貸面積			
土地利用面積			
土地利用期限			
賃貸価格		周辺の平均価格	
サビース料金		周辺の平均料金	
他の料金及び税金		その他のユーティリティ料	
決済条件			
手付け			
仲立人手数料	□ 有り	□ 無し	
サービス料なしの工場建設時間			
インフラ			
土台の高度		整地の状況	

土地周辺の道路システム		湛　水	
電気供給		雨水排水システム	
水供給		生活排水システム	
通信システム		廃水と廃棄物処理	
運河システム		街　灯	

工業団地管理委員会（もしあれば）

☐　長年の経験あり
☐　マナーが良い
☐　透明性のある管理規則
☐　秩序が良い
☐　メンテナンスサービスあり

既存の工場の賃貸

工場情報

位　置		階　数	
周りの交通	（位置と周辺地域の地図）	天井の高さ	
近隣の場所		総面積	

賃貸価格と賃貸面積

工場の面積			
賃貸期間			
賃貸価格		周辺の平均価格	
サービス料金		周辺の平均料金	
他の料金及び税金		その他のユーティリティ料	
賃貸価格、サービス料金の変更に関する条項			
手付け			
仲立人手数料	☐有り	☐無し	

サービス料なしの工場建設期間			
インフラストラクチャ、ユーティリティ、及びサービス			
電気供給		水供給	
雨水排水		排水と廃棄物処理	
基本的なユーティリティ	情報通信インフラストラクチャ		
予備電源		清掃サービス	
消　防	□ 条件の成就	□ 条件の未成就	
環境法の遵守	□ 遵守している	□ 遵守していない	
周りのユーティリティ			
その他の確認			
ⅰ．賃借人は優待政策を受けることができるか。 ⅱ．賃借人は、賃貸場所において、生産拠点を設立するために必要な許可と認証を取得できるか？ ⅲ．賃貸人は、賃借人が必要な手続をするために協力するか？			

　賃借人は、土地・工場賃貸借契約を締結する前に、賃貸人が土地を使用する権利、工場を所有・使用する権利があるかどうかを確認する必要がある。この確認のためには、土地使用権及び土地上附属住宅・建物の所有権証明書、賃貸不動産の賃貸借契約書、第三者への転貸許可証明書等といった法的書類の提示を賃貸人に求めることで確認できる。この確認は、賃借人が本来の賃貸人ではない者により敷金と前払賃料（もしあれば）を詐取されるリスク回避するのに役立つ。

（3）賃貸不動産の場所について

　賃貸不動産の場所は、サプライヤー・港・国境から賃借人の工場への生産資材の輸送の利便性、及び生産後の商品の購入者・港・国境への輸送の利便性を考慮して決定する。貨物トラックが簡単かつ便利にアクセスできる場合、賃貸不動産は適切な位置にあるとされる。

　また、賃貸不動産を選定する際には、賃貸不動産が密集した住宅地に近いかどうかを確認する必要がある。これは、交通状況、交通渋滞の深刻さ、又はトラックが日中に通行することを禁止されている時間の長さを考慮しなければならないからである。

（4）賃　料

　賃料は、賃貸不動産の場所と周辺のインフラの状態によって異なる。通常、賃貸不動産は、商品の流通に便利であったり、適切な新しいインフラストラクチャや、セキュリティ、輸送サービスなどの関連するユーティリティサービスを備えると、賃料は高くなる。

　土地使用権を賃借する場合は、賃貸借期間全体で1回の賃料が支払われ、具体的な支払の履行状況は賃貸借契約において両当事者が合意する。工場借りの場合、賃料は通常、契約当初の一定期間固定され、その後市場価格に応じて調整される。当初の賃料の10〜20％の範囲の増額が通常である。

（5）その他

　土地使用権を賃借する場合は、賃貸借契約を締結した後又は工場の建設が完了した後、賃借人は土地使用権及び付属資産の証明書を申請することができる。したがって、賃貸借契約を締結する前に、土地使用権及び土地付属資産の申請の可否を明確に確認する必要がある。

　借地について紛争がある場合又は銀行に対して抵当権が設定されている場合、賃借人は土地使用権及び土地上附属住宅、建物の所有権証明書を取得することができないかを確認し又は取得するために銀行等の第三者による承認を得る必要がある。

3 不動産賃貸借契約の締結

3.1 日本法との違い

　ベトナムにおける賃貸借契約関係においては、日本のような不動産借主の保護に特化した特別法である借地借家法のような法令が置かれていない点に注意が必要である。また、日本の宅地建物取引業法に定められている重要事項説明書（通称：重説）のような情報提供義務が貸し手や仲介業者に課せられていない点なども注目される。したがって、物件に関する重要事項については、借主自らが貸し手や仲介業者に問い合わせを行い、情報収集しなければならない。特に、重要事項説明書における敷金や解除、更新などといった取引条件の明示については契約書でのみ確認することができるため、賃貸借契約書の重要性が日本と比べても一層増す。

　その他、土地使用期間についても一応留意を要する。ベトナムでは、原則的に、建物は土地使用可能期間に連動しており、残存期間が予定賃貸期間と比べて不足している場合は、土地使用期間満了時にトラブルが生じる可能性を勘案する必要がある。

3.2 ベトナムでの不動産賃貸の商慣習

　ベトナムの不動産賃貸における手順は、日本におけるそれと大きく異なる部分はない。物件の選定においては、AからCまでで区分された物件ランクに応じた物件の中から希望の物件を選定し、仲介業者と物件の内覧を行うことができる。物件の内覧は重要事項説明書がない分、物件について情報を収集する貴重な機会の一つとなるので、入念に行っておく必要がある。

　入居先の物件が決定すれば、賃貸借契約案の送付を受ける。契約書の条項については後述する。ベトナムにおいても賃料に関する価格交渉は一般に行わ

れており、必ずしも表示賃料を額面通りに受け取る必要性はない。他にもオフィス賃貸の場合に、内装工事を行う期間をフリーレントの扱いにするなど借手の事情を踏まえた交渉等も一般に行われる。現地法人設立を目的とした場合のオフィス賃貸においては、賃貸人から必要な書面の交付を受ける必要があるため、当局提出用の資料作成に協力が得られるかどうかも確認する必要がある。

　もっとも、特にハノイやホーチミンなどの主要都市におけるオフィス賃貸は、貸し手が有利な状況が続いており、その入居率は9割を超えていることが多い。そのため、借手から過剰な要求が出ると貸し渋りが生じる可能性があるため、交渉を行う項目はある程度絞られることもある。もっとも、賃借のタイミングや物件の状況による部分が多いので、このようなベトナム一般の賃貸環境を踏まえて個別の検討を行うことになる。

　その他、日本で一般的となっている、入居時の保証協会関係の利用や保証人などを要求される例は少ない。ベトナムでは賃料の担保は敷金（保証金）によって行われるのが一般的であり、日本のような人的保証が用いられることは稀といえる。

3.3　　　　　　　　　　　　　　　　　　　　　　　　サブリース契約

　ベトナムでも一般的にサブリース契約が用いられている。ベトナムのサブリース契約については日本と同様に2つの賃貸借関係により成立しており、サブリース契約特有の法規制は見られない。日本のようなサブリース契約に関する社会問題が叫ばれている状況にはないが、サブリース契約に関する法律関係では議論すべき項目も多い。

　例えば、オフィス入居時において借手がサブリース契約であることを知らず賃借し、オフィスの利用を開始した場合において、物件所有者がマスターリース契約を解除した場合、転借人はその占有権限を失い物件所有者からの退去請求に応じざるを得ない。日本においては、解除条件次第では転借人の利益保護が図られる運用がなされているが、ベトナムではどのような場合に転借人が保護されるのか、そもそも保護が及ぶ場合があるのか明らかではない。これに加

え、ベトナムの裁判事情なども相まって、転借人となる借手は厳しい状況に立たされる可能性が高い。中長期的に物件を利用する必要がある場合は、サブリース契約であるか否かの確認とサブリース契約である場合に自衛として物件所有者（マスターリーサー）との取り決めを交わすことはいうまでもない。

3.4　不動産賃貸借契約の主な条項

（1）賃料の取決め

　賃貸借契約書の条項の中でまず確認したいのは、賃料の取り決めである。月額の賃料はもちろんのことだが、注目したいのは、賃料の変動に関する条項である。多くのベトナム不動産賃貸借契約において賃料変動に関する条項が置かれている。これは、ベトナムの経済成長が著しいことが背景にあり、経済成長率に応じて賃料を増減させ、投資家側の投資効果を保つことが背景となっている。

　一般的には、一定期間において経済状況等を踏まえ賃料の増減がなされる旨の規定が置かれており、一定期間の具体例としては、1年ごとの見直しや賃貸契約が満了となるたびとされる例が多いと思われるが、3か月ごと、1か月ごととされる場合や、場合によっては任意のタイミングとされる例もあるため注意を要する。

　また、このような賃料変動条項は、貸手に決定権があることも少なくない。最悪の場合、3年間で賃料が30％程度値上げされることも想定され、賃貸開始時の想定を大きく裏切ることになる。肌感覚では貸主と借主の協議により変更できると規定されている賃貸借契約書が多いとは思われるが、貸手の判断とする場合も少なくない。

　同様の規定は賃料に付随するインフラ関係の計算にも見られることが多い。電気や物件施設利用、駐車場などの利用料である。

（2）敷金関係

　ベトナムにおいては、賃料回収の担保手段としては保証人等ではなく、敷金

（デポジット）による方法が一般的である。しかしながら、日本の敷金と同様にその法的性格については曖昧な部分も少なくない。契約書の中では、敷金という表現がなされる場合は少なく、デポジットや保証金などと表現されることが多い。

　しかしながら、これら文言から日本の敷金と同様のものとは即断できず、その法的な性格は契約書の中で確認しておく必要がある。例えば、デポジットとして一定金額を賃貸時に交付し、賃貸借契約終了時に返還されると規定されていながらも、賃借人が債務不履行に及んだ場合には、交付金額全額を債務不履行の内容に関わらず貸主が没収できるという定め方がなされていることがある。このような場合、日本における敷金の法的性格とは異なることが明白であり、また、没収という表現から債務不履行における損害賠償とは別に、違約罰として没収が生じているとも読み取られかねない。

（3）損害賠償

　ベトナム特有の注意点を要するものとして損害賠償項目がある。内容は日本のものと大差はないが、注目すべきはその率である。これもベトナムの経済成長の影響を受けて、損害賠償等の利率が最大20％を設定できることがベトナム民法上認められている。そのため、多くの契約書において「月1.5％」などといった数値が設定されており、複利計算を前提としていると思われる（月1.5％を複利計算で計算した場合の年率は約20％となるため）。このため、上述の賃料額変更と相まって、賃貸人側が引き上げた賃料についてこれを賃借人側が認めず、引き上げ分の金額を支払わないままでいると思わぬ大損害へとつながる可能性がある。

（4）原状回復

　物件の返還時には、原状回復を行わなければならない旨の規定が置かれることが一般的である。ベトナムの原状回復については、いわゆる通常損耗については除く旨を併記されていることもあるが、裏を返せばこのような文言がない場合、貸手は通常損耗を含めた原状回復を意図している可能性もあるため、通

常損耗が除かれる点は明記すべきである。日本と異なり、通常損耗が原状回復義務の範囲に含まれないといった判例があるわけではないため、ベトナムでは通常損耗が原状回復の範囲に含まれるという判断が下りても不思議ではない。

（5）紛争解決条項

　紛争解決条項については、通常地方の管轄裁判所が指定されることが多い。しかしながら、外国人や外国法人にとってベトナム国内で裁判を行う負担は自国のそれより重い場合がほとんどである。そのため、訴訟対応を行うぐらいであれば相手方の違法行為を容認した方が経済的には得をするという場合も考えられなくもない。よほど大型物件ではない限り、国際仲裁等の選択肢をとることも経済合理性から難しい場合が少なくないため、契約書においては細かい点についても明記しておくという予防法務的な姿勢が重要となる。

　なお、借手側が有利な状況であるからといって日本の裁判所を合意裁判管轄とした場合、現時点において日本の裁判所の判決をベトナムで執行することは出来ないため、このような修正案の提案は控えておく方が適切である場合が多い。

（6）その他の契約条項

　外国人や外国法人の不動産賃貸借契約においては、ベトナム語と日本語又は英語により契約書が作成されることが一般的である。その関係で、契約書中に優先言語条項が置かれることとなるが、優先言語がベトナム語である場合、翻訳が正しく行われているかどうか入念に確認する必要がある。例えば、既にみたデポジットについてこれをベトナム側が「敷金」と翻訳した場合、日本法における敷金の理解から大きな誤解が生じることになる。

　また、稀ではあるが、契約書で賃借人に不利な条項について翻訳を省略する場合や、翻訳を置いていない場合もなくはないため、優先言語がベトナム語とされている場合は、翻訳のチェックを欠くことができない。

　その他、貸主は必要に応じて物件内に立ち入ることができるという旨の条項も散見される。言わんとすることは、火事などの緊急時を想定した条項であろ

うが、文言上そのようなことは記載されていないため、無断で私生活や企業秘密のあるオフィスに立ち入られることについて反論できないこととなる。このような事態を避けるためにも、このような文言については、修正対案を提示していくべきであろう。

3.5 オーナーチェンジ

　物件賃貸中にいわゆるオーナーチェンジ（物件所有者兼賃貸人が物件を第三者に売却する場合）が生じた場合、住宅法の規定により、賃貸借契約は物件購入者に引き継がれる。そのため、日本でいう賃貸人たる地位の承継がベトナムでも法令で規定されていることとなる。そのため、賃借人としてはオーナーチェンジが生じたからといって物件の立ち退きを求められることはない。

　他方、賃貸中の物件を購入する場合は既存の賃貸借契約書について内容を確認する必要がある。賃貸借契約が貸手に不利に定められている場合は、これによる影響を勘案して購入を決定しなければならず、デポジット等が差し入れられている場合は、当該金額の処理方法なども売買と併せて取り決めておくべきである。

VII

不動産に関する紛争、紛争解決制度

1 不動産に関する紛争の分類

（1）はじめに

　2013年土地法第3条24号の規定により、土地紛争とは、「土地関係における両側当事者又は複数当事者間の土地使用者の権限、義務に関する紛争」を意味する。この土地紛争の定義は、土地に限らず、土地以外の不動産に関する紛争にも適用することができる。したがって、不動産紛争は、不動産の所有者と使用者との間又は使用者間に発生する紛争を意味する。以下、それぞれの不動産の所有者と使用者との間及び使用者間の紛争の分類、典型的な紛争等を分析する。

　不動産には、土地、土地に付着した住宅・建築物、土地・住宅・建築物に付着したその他の財産等が含まれている。したがって、不動産に関する紛争の分類は、不動産の種類により行うことが可能である。しかしながら、不動産の種類により分類する場合には、重複し、かつ紛争の本質を反映することができないため、本書は、この分類方法とは異なる分類方法を採用することにする。

（2）使用者との間に発生する紛争

　使用者との間に発生する紛争は、以下の通りに分けられる。

　ⅰ．取引関係（契約関係）から発生する紛争：不動産の譲渡契約、賃貸借契約、転貸借契約、贈与契約、出資合意、抵当権設定契約等

　ⅱ．相続関係から発生する紛争

　ⅲ．夫婦共有財産の分配から発生する紛争

　ⅳ．不当利得返還請求、賠償請求

　ⅴ．隣接不動産に関する紛争

（3）土地所有権者（国が代表）と使用権者との間に発生する紛争

　土地所有権者（国が代表）と使用権者との間に発生する典型的な紛争は、土

地使用権、その他不動産の使用権に関する国の行政行為、行政決定に関する紛争（土地回収・賠償・整地・再定住に関する決定、土地使用権の不公認決定、土地使用権証明書の発行・回収に関する決定、土地使用に関する違反行為の行政罰決定、申立・告発に関する解決決定等）、土地やその不動産に関する財務的な義務の実施に関する紛争、不動産に関する行政的な手続の実施に関する紛争等が含まれる。

（4）外国人、外国企業が関係する一般的な紛争

土地使用権者、その他不動産の所有権者が外国人、外国企業である場合の紛争は、主に契約関係から発生するものである。本書で述べた通り、外国人、外国企業は、ベトナムでの土地使用権を個別に取得することができないため、純粋な土地使用権関係の紛争は皆無に近い。

外国人、外国企業が直面する可能性のある不動産関係の典型的な紛争は、以下の通りである。

① **不動産や不動産プロジェクトの現物出資（合弁会社、BCC契約に出資）、不動産譲渡関係**

ⅰ．不動産の価格評価

ⅱ．現物出資、譲渡の対象である不動産に関する出資・譲渡条件を満たさない場合の紛争

> 例：(i) 土地使用権証明書がない。
> (ii) 土地の使用権に関する第三者との紛争がある（抵当権者やその他共有所有権者等）。
> (iii) 土地使用権、土地上の不動産の出資や譲渡に関する制限がある。

ⅲ．出資や譲渡の対象である不動産は、出資・譲渡を行う前に、違反行為等があることにより、行政罰を受ける又は土地・不動産プロジェクトが回収される可能性がある。

ⅳ．出資、譲渡を受ける前に、譲受側が十分な法務DD等を行わないことにより、必要なライセンスや許可証等を取得できないことや、譲受側の期待に応じないこと等が発生し、紛争になる。

② 不動産開発プロジェクトに関する国家機関による各種決定、
行政行為に関する紛争

例：土地の賃貸・交付決定、土地回収・賠償・整地・再定住に関する決定、
土地使用権証明書の発行・回収に関する決定、土地使用に関する違反行
為の行政罰決定、申立・告発に関する解決決定等

土地やその不動産に関する財務的な義務の実施に関する紛争

③ 住宅の購入に関する紛争

ⅰ．住宅の開発事業者による住宅売買契約の不履行又は不完全履行。特に建
設中の住宅を購入する際に、当該住宅建物の建設スケジュールが遅延する
ことが多い。

ⅱ．購入する対象の住宅が、外国人が所有できる範囲を超える場合の紛争

④ 不動産の賃貸借契約関係に関する紛争

ⅰ．賃貸借契約の債務不履行又は不完全履行により、発生する紛争

ⅱ．賃貸借契約の途中解除に関する紛争

特に、レストランや小売りの店舗の賃貸借において、賃借人の事業が大
きく成功した場合に、賃貸人が一方的に賃貸借契約を解除し、店舗を回収
するという事例が多い。

⑤ 名義借りによるベトナム不動産購入に関する紛争

外国人がベトナム人の名義を借りて、ベトナムでの不動産を購入するケース
が多い。その場合、実質的所有者である外国人と名義貸人との紛争が少なくな
い。

（以下判例No.02/2016/ALを参照）

■ 判例 ■ No.02/2016/AL

判例の概要

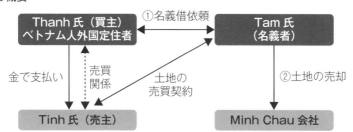

ⅰ．Thanh氏は、ベトナム人外国定住者であるため、ベトナムでの農地の使用権を保有することができない。

ⅱ．1993年に、Thanh氏は、弟であるTam氏の名義を借りて、売主から21.99テールの金（当時の約14万円程度）で農地を買った。

ⅲ．Tam氏は、Thanh氏の依頼を受けて、売主と売買契約を締結し、土地の使用権証明書も自分の名義で取得した。

ⅳ．土地の使用権証明書を取得した後、2004年にTam氏は、第三者であるMinh Chau会社に当該土地を売却した。Minh Chau会社から約600万円の代金をTam氏に支払った。

ⅴ．Thanh氏は、Tam氏を提訴し、Minh Chau会社から支払われた600万円を請求した。

【第一審の判決】

○ Thanh氏の一部の請求を認め、Tam氏に対して600万円の半分である300万円程度をThanh氏に返還するように判決を下した。

第一審の判決に対して、Thanh氏もTam氏も納得せず、第二審に控訴した。

【第二審の判決】

○ Thanh氏の請求を否定した。

○ Tam氏がThanh氏に対して21.99テールの金に該当する14万円程度の金額を返還する必要がある。

○ 600万円から上記の14万円程度の金額を引いた後の586万円程度については、国の予算として没収する。

Thanh氏もTam氏も納得せず、最高人民裁判所に不服申立を行った。

【最高人民裁判所の判決】
○ Thanh氏は、ベトナム人外国定住者であるため、ベトナムでの農地を所有することができない。しかし、21.99テールの金を土地に出資する金額とみなし、Minh Chau会社に売却した時の金額の一部を受ける権利がある。
○「600万円から上記の14万円程度の金額を引いた後の586万円程度については、国の予算として没収する」という第二審の判断は妥当ではない。
○ Thanh氏が出資した21.99テールの金に該当する金額をThanh氏に返還するように要求しない第一審の判断は、妥当ではない。
→したがって、第一審の判決を取り消し、第一審を再度行うように判断した。

【判例の内容（最高人民裁判所の判断の内容）】
　Thanh氏は土地取得のために21.99テールの金（約27.047.700ドンに相当する）を支払ったが、譲渡に関する書類の名義はTam氏であった。かつ、土地取得後、Tam氏が土地を管理し、その後、他の者に譲渡した。よって、本来ならTam氏は土地の保管、価値維持、価値向上に改善した労力があり、それにより、Tam氏に対して当該労力に相当する金額を分割すると判断する方が正確で、各当事者の合理的な権利を保護することができる（Tam氏の労力を正確に確定することができない場合、Thanh氏とTam氏の労力が同等であるとみなし、分割する必要がある）。

【判例分析、解釈】
　ベトナム人外国定住者（外国人と同様に取り扱う）は、ベトナムで農地のみならず、一般の土地の使用権も取得することができない。そのため、ベトナム人から名義を借りて、ベトナムで土地の使用権や一軒家住宅の所有権を実質的に取得するケースが多い。上記の判例が公表される前までは、このような名義借りの契約を認めず、かつベトナム人外国定住者若しくは外国人の権利を保護しないという裁判所の判断が多かった。しかしながら、前半に述べた通り、ベトナム人外国定住者や外国人がベトナム人の名義を借りて、土地を購入する件数が多く、かつこの十年近くの間に、ベトナム人外国定住者や外国人に対するベトナムでの不動産の取得に関する規制が緩和される傾向がある。このような背景の下で、判例No. 02/2016/ALが生み出された。
　判例No. 02/2016/ALの通りに、最高人民裁判所は、名義借り契約を投資委託契約と同じように取り扱い、ベトナム人外国定住者の農地の使用権を認めないが、土地に出資した金額の利益を認めることになった。本判例は、ベトナム人外国定住者若しくは外国人と名義貸人であるベトナム人との間の土地の使用権に関する紛争事件に対して、非常に大きな意義を有する。
　もちろん名義借りを推奨するわけではないが、名義借りをするベトナム人外国定住者や外国人は、名義貸人と合意する際に、必ず名義貸人の役割や受け取る利益額を明確にする必要がある。

ベトナムの紛争解決方法

（1）ベトナムの紛争解決方法

ベトナムでの紛争解決方法は、主に以下の4つの方法がある。

ⅰ．協　議

　　第三者の支援がなくても、紛争当事者が協力して話し合い、発生した不一致などを解決し、それを通じて紛争を解決する方法である。各当事者の間における協議過程は、解決の順序・手続に関する法律の規定に拘束されない。

　　協議の結果を実行することは紛争当事者の意思による。協議の過程において各紛争当事者が合意した内容を実行することに関して、特定の法的な強制メカニズムはない。

ⅱ．和　解（調停）

　　紛争当事者が発生した紛争の解決方法を見出せるように、第三者（調停者）が紛争解決の手順に参加する方法である。

　　交渉方法と同様、調停の結果を実行することは紛争当事者の意志による。調停の過程において、各紛争当事者が合意した内容を実行することに関して、特定の法的な強制メカニズムはない。

ⅲ．仲　裁

　　独立した第三者としての仲裁評議会又は仲裁人は、紛争を解決するために判断を下し、各紛争当事者はそれを実行しなければならない。仲裁は手続選択の面で柔軟性をもたせることができるなど、当事者主導的な手続であり、そのため、紛争期間等も短縮できる傾向にある。更に、仲裁決定が公開されないため機密性を確保できる点も挙げられる。

　　仲裁手続による場合、仲裁機関は当事者の合意により、仲裁判断は、仲裁判断の取消請求がある場合を除いて最終的な判断となり、控訴等の対象とはならない。

iv．裁　判

　　国家権力の下での審理機関（裁判所）において、厳格な順序、手続にし
　たがって判断する紛争解決方法であり、当然拘束力が認められている。他
　方で、法定手続は複雑で、一部柔軟性に欠ける上、紛争解決は長い時間か
　かる点や裁判公開の原則により、企業秘密を守ることができない点などに
　おいては留意する必要がある。
　上記の中、協議による紛争解決方法は、当事者間で話し合って、任意的に実
施するというものであり、法の規定等もないため、本書では詳細に取り上げな
い。

（2）和解（調停）

① 和解（調停）について

　和解とは、上記の通りに紛争解決に関する知識、経験のある信頼できる個人
又は機関、組織などの第三者が紛争当事者の間に立ち、中立の立場で紛争を解
決できるように支援し、当事者間において話し合いで紛争を解決する方法であ
る。
　和解には、訴訟上の和解と訴訟外の和解がある。訴訟上の和解とは、訴訟手
続に基づき、紛争を解決する機関（裁判所）において、訴訟手続として実施さ
れるものである。一方、訴訟外の和解とは、裁判所以外の機関、組織、個人に
より実施され、訴訟手続に基づく必要がないものである。訴訟外の和解には、グ
ラスルーツ和解（Ⅷ3（2）参照）、土地使用権関係の和解、商事和解、婚姻・家
族に関する紛争の和解等がある。その中で、近時導入され、普及し始めている
のは、裁判所での和解・対話制度及び商事和解である。

② 和解制度に関する法令一覧

　上記の和解制度に関して、以下の法令に定められている。

　ⅰ．2013年6月20日付グラスルーツ和解法NO.35/2013/QH13号

　ⅱ．2017年2月24日付商事和解に関する政令NO.22/2017/NĐ-CP号

　ⅲ．2020年6月16日付裁判所における対話、和解NO.58/2020/QH14号

　ⅳ．2015年11月25日付ベトナム民事訴訟法NO.92/2015/QH13号（訴訟手

　続外の和解の成立の公認に関する手続）

　ⅴ．その他各種政令、通達

③　和解のメリット

　和解のメリットは、以下のものがあると考えられる。

　ⅰ．和解の手続が迅速で、時間を短縮することができる。

　ⅱ．当事者は、自分の意思で中立である第三者、和解の場所、和解の方法等
　　を選択することができる。

　ⅲ．和解により、当事者間の信頼関係を維持することができ、従来できた関
　　係を害しない。

　ⅳ．紛争に関する営業秘密や、当事者の情報、紛争に関する情報等の秘密を
　　保持できる。

　ⅴ．成立する和解の結果は、当事者の意思で決定するため、和解で合意した
　　事項がきちんと履行されることが多い。

④　商事和解

　商事和解制度は、2017年に初めて政令の形で法定化された。2017年2月24
日付商事和解に関する政令NO.22/2017/NĐ-CP号ができたことにより、専門的
知識の豊富な弁護士や法律専門家により設立された商事和解センターや業とし
て行う商事和解人が増加した。現在、この政令の制度を活用して、積極的に動
いているのは、2018年にベトナム国際仲裁センター（Vietnam International
Arbitration Centre、以下「VIAC」という）が設立したベトナム和解センター
（Vietnam Mediation Centre、VMC）である。

⑤　裁判所での対話、和解制度

　ⅰ．この裁判所での対話、和解制度は、2021年1月1日に執行された2020
　　年6月16日付裁判所における対話、和解NO.58/2020/QH14号により、新
　　たにできた制度である。これにより、裁判所での事件を受理する前に、省
　　レベル裁判所裁判官長官により任命される和解人が立ち合い、民事、家族・
　　婚姻、経営、商事、労働、協議離婚の公認、行政申立の紛争に関して、当
　　事者間で協議する環境を作って、任意に紛争を解決することが可能となっ
　　た。

ⅱ．この制度は、導入直後であるため、実績はないが、今後多くの紛争の解
　　決が期待されている。

（3）仲　裁

① 仲裁活動に関する適用法令

　ベトナムでの仲裁活動は、2010年6月17日付の商事仲裁法NO.54/2010/
QH12号、商事仲裁法の執行指導を細則する各政令・議決（政令No.63/2011/
NĐ-CP号、政令NO.124/2018/NĐ-CP号、最高人民裁判所裁判官評議会による
議決NO.01/2014/NQ-HĐTP号等）、現行民事訴訟法、現行民事判決執行法に基
づき実施される。

② ベトナムでの仲裁事件の数

　ベトナム全国では、約30の仲裁センターがあり、その中で一番有名なものは、
VIACである。VIACの統計データにより、VIACが設立された1993年から現
在2020年までのVIACで取り扱った紛争の件数は、以下の表の通りになる。こ
れにより、VIACで解決する紛争の数が急速に増えていることが分かる。

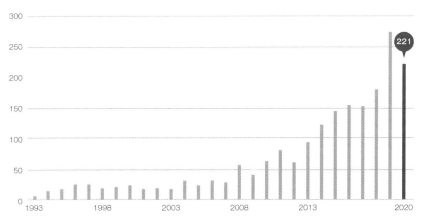

（https：//www.viac.vn/thong-ke/thong-ke-hoat-dong-giai-quyet-tranh-chap-nam-2020-s36.
html）

この内、国際的な紛争は総数の３分の１を占め、国際紛争に関わる主要３か国は、中国、シンガポール、韓国である。紛争の主な分野は、売買関係（47%）、建設関係（14%）、賃貸借（８%）である。

③　ベトナム国外の仲裁判断

紛争解決方法として仲裁を選択した際に、当事者間で自由にベトナム国外の仲裁センターを含む仲裁センターを選択することができる。その際、よく選ばれるのは、シンガポール国際仲裁センター（SIAC）である。

SIACの年間報告書2020年版によると、SIACで取り扱う紛争事件も増加している。特に2020年は、前年の２倍の件数である。

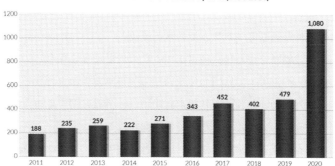

Total Number of New Cases Handled by SIAC (2011-2020)

（https：//www.siac.org.sg/images/stories/articles/annual_report/SIAC_Annual_Report_2020.pdf）

その内、ベトナムと日本両国は、SIACを選択する国のリストTOP10に名を連ねている。

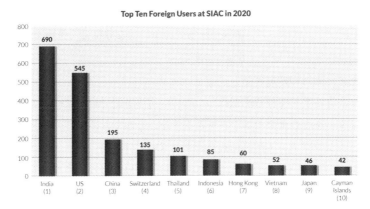

Top Ten Foreign Users at SIAC in 2020

（https：//www.siac.org.sg/images/stories/articles/annual_report/SIAC_Annual_Report_2020.pdf）

④　外国の仲裁判断のベトナムでの執行承認

　外国の仲裁判断を得た後、被告がベトナムに財産等を保有し、ベトナムで執行する場合、ベトナムで外国の仲裁判断の執行承認手続を行う必要がある。ベトナムでの外国の仲裁判断の執行承認手続は、訴訟に関する法律に定める手続に基づき行うものである。ここで一番懸念されるのは、以下の場合（民事訴訟）において、ベトナムの裁判所が、外国の仲裁判断に対して執行を認めないことである（2015年民事訴訟法の459条）。

第459条　承認しない場合

※　（　）の内容は、条項の趣旨をまとめるものとなる。

ⅰ．裁判所は、仲裁判断の承認請求に不服申立をする仲裁債務者が裁判所に提出する証拠に十分根拠があると判断し、かつ仲裁判断が下記の何れかの一に該当する場合には、外国仲裁判断を承認してはならない（仲裁判断に瑕疵がある場合）。

　（ⅰ）　仲裁合意の当事者に適用される法により、<u>当事者が仲裁合意を締結する資格を有さない</u>とき（⇒仲裁合意について当事者が締結する資格を有さないとき）

　（ⅱ）　選択された国の法律又は当事者が仲裁合意に適用される法を選択できない場合に仲裁判断が行われる地の法律により、<u>仲裁合意が法的に有効では</u>

ない場合（⇒仲裁合意が無効の場合）

(iii) 仲裁債務者が機関、組織、個人である場合に、適時かつ適切に外国仲裁組織における仲裁人の選任及び紛争解決手続について通知を受けていないか、適切な理由により当該機関、組織、個人が手続的権利を行使できないとき（⇒仲裁手続上の瑕疵）

(iv) 何れの当事者も紛争解決を求めていない事項に対して外国仲裁の判断が行われたとき、又は仲裁合意の当事者の請求を逸脱するとき。外国仲裁における判断を、請求された事項に関する判断と請求されていない事項に関する判断とに分けることができるとき、請求された事項に関する判断の部分については、ベトナムにおいて承認し執行することができる（⇒仲裁対象に関する管轄の逸脱）。

(v) 外国仲裁の構成又は外国仲裁による紛争解決手続につき仲裁合意に定めがないとき、かかる構成・手続が仲裁合意又は外国仲裁判断がなされた国の法と合致しないとき（⇒仲裁の構成又は手続の違反）

(vi) 外国仲裁判断が当事者に対して法的拘束力を有さないとき（⇒仲裁判断の無効）

(vii) 外国仲裁判断が、当該判断が行われた国又は法が適用される国の権限ある機関により取り消され、又は停止されたとき（⇒仲裁判断の取消・停止）

ⅱ．外国仲裁判断は、ベトナムの裁判所が下記の判断をした場合には承認されない（⇒ベトナムの裁判所による仲裁判断に対する決定）

(i) ベトナム法によれば、紛争が仲裁により解決されないとき（⇒ベトナム法により仲裁に適さない事項に関する仲裁である場合）

(ii) 外国仲裁判断の承認執行が、ベトナム社会主義共和国の法律の基本原理に反するとき（⇒ベトナム法の基本原理に反する場合）

上記の内、「ベトナム社会主義共和国の法律の基本原則に反している」という条件については、裁判官の判断基準が明確ではない。

（4）裁　判

①　ベトナムの裁判組織

ベトナムの裁判組織は、以下の図に記載する通り、全体的には、民事裁判所及び軍事裁判所という二つのシステムを設置する。それぞれのシステムは、中央から地方までの裁判所がある。本書には、民事裁判所のシステムのみを述べるものとする。

民事裁判所システムには、審級制を採用し、最高人民裁判所、高級人民裁判所、省・中央管轄市の裁判所及び県・社・省管轄市の裁判所に分けられる。それぞれの裁判所の主な機能を有する機関・部門は、以下の図に述べる通りである。

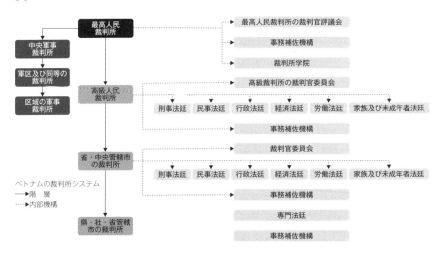

②　裁判の件数

判決までの時間が長く、裁判官の独立性が低いなどの裁判制度のデメリットを考慮すれば、裁判所の利用は最後の手段として選択し、やむを得ない方法と考えられる。しかしながら、ベトナムの企業は、和解や仲裁にまだ慣れておらず、裁判を選択する件数が多い。

最高人民裁判所のホームページに公表された最高人民裁判所の2016年～2020年期の業務報告書によれば、全国裁判所が受理した2020年の紛争件数が、602,252件、そのうちの90.4％が既に解決され、判決が下された。総数の内、不

動産関係の紛争を含む民事、商事、婚姻・家族、労働関係の件数が471,581件であった。

③　審級制について

　ベトナムの裁判は、審級制を採用しており、第一審の判決・決定に対して、当事者のどちらかが納得しない場合、第二審に控訴することができる。第二審に控訴することができる条件としては、当該判決・決定の法的な効力がまだ発生していない、かつ控訴期間内に控訴を行ったことである。第二審は、第一審の判決・決定に対して再度審理する機会となる。

　第一審と第二審の他、「監督審」及び「再審」制度もある。「監督審」は、裁判所の判決・決定に重大な法律違反があった事件に対して適用される。「再審」は、裁判所の判決や決定の基本的な内容に変更を及ぼす新たな証拠がある事件に適用される。「監督審」や「再審」により、第一審、第二審の裁判判決・決定を破棄し、再度第一審から裁判をやり直すように判断される可能性が高い。その場合、最初の手続に戻り、裁判手続が長期間にわたり、終結しないケースも多い。

3 ベトナムでの不動産に関する紛争の解決方法

　不動産分野に関する紛争には、主に「土地に関する紛争」と「土地ではない不動産に関する紛争」の解決方法がある。土地ではない不動産に関する紛争事案は、契約関係の紛争又は財産返還請求に基づく事件という二つのパターンが多い。土地ではない不動産に関する紛争については、一般の民事紛争として取り扱い、２（１）で述べた４つの解決方法からいずれかを選択することができる。以下、特徴のある土地に関する紛争の解決方法を述べるものとする。

（１）土地に関する紛争の解決方法

　土地に関する紛争の解決方法は、以下の４つの方法から当事者の自由な意識で選択することができる。

　　ⅰ．交　渉

　　ⅱ．和　解

　　ⅲ．行政的な申立

　　ⅳ．訴　訟（裁判）

　上記の内、「訴訟（裁判）」の紛争解決方法については、前記２（２）で述べた一般民事訴訟の制度と同様であるため、以下に、土地に関する紛争の解決についての特徴がある「和解」及び「行政的な申立」の方法を中心に述べるものとする。

（２）和　解

　和解の方法については、現行土地法により、「国家は土地紛争関係者同士による和解又はグラスルーツ和解を通じて土地紛争の解決を奨励する」という規定がある。つまり、土地に関する紛争は、公的な機関に持っていく前に、和解手続が必要ということである。

　和解手続のステップは、以下の通りである。

① 土地紛争関係者同士による和解 成立しない場合 ↓	土地紛争関係者同士による和解は、任意的な手続で、当事者間で和解人を選定し、善意をもって交渉を行うものである。
② グラスルーツ和解 成立しない場合 ↓	• 土地紛争関係者同士による和解と同じ、グラスルーツ和解は、任意的な手続であるため、選択するかどうかは、当事者の意思決定に基づく。 • グラスルーツとは、町の下位のレベルである村・村落レベルの行政区画であるため、その地域における対象土地のこと、土地紛争関係者のことを良く知っている人たちを和解人として土地紛争関係者の話し合いを支援する目的を有する。 • グラスルーツ和解で解決することができる土地の紛争は、簡易な紛争事件が多い。
③ 町レベル人民委員会での和解	• 土地の使用権者に関する紛争の場合、裁判所に提訴するための必要な条件は、この町レベル人民委員会での和解手続を行うことである。町レベル人民委員会での和解手続を行わない場合において、裁判所は、この紛争事件を受理しない（2017年5月5日付の最高人民裁判所裁判官評議会の議決NO.04/2017/NQ-HĐTPの第3条2項）。 町レベル以上の人民委員会での行政的な手続を通じて紛争を解決する場合でも、町レベル人民委員会での和解が必要要件となる。 その他の土地に関する紛争（土地使用権の取引に関する紛争、土地使用権の相続、共有財産の分割等）は、必ずしも町レベル人民委員会での和解手続を行う必要がない。 • ベトナムでの地方の土地管理機関の一つは、町レベル人民委員会である。町レベル人民委員会には、土地使用に関する計画図面、使用現状の図面、土地境界図面等を保管し、現地の土地に関するデータを保有する。そのため、自分が保有するデータベースと対照しながら、和解人として適切な支援を行うことができると考えられる。

成立しない場合 ↓	1. 土地紛争関係者が土地使用権証明書若しくは土地使用権証明書に該当する使用権を証明できる書類がある紛争の場合、土地に固着する財産に関する紛争の場合：管轄裁判所で解決
	2. 土地紛争関係者が土地使用権証明書若しくは土地使用権証明書に該当する使用権を証明できる書類がない紛争の場合には、当事者が以下の二つの方法から選択する。
	ⅰ. 県レベル、省レベル人民委員会での紛争を解決するように申し立てる。
	ⅱ. 管轄裁判所での解決

（3）行政手段

　土地に関する紛争解決を行政的な手続を通じて行う場合には、上記の和解手続（町レベル人民委員会での和解）を経た後、以下の行政機関に申し立てることができる。

　ⅰ. 県レベル人民委員会委員長

　ⅱ. 省レベル人民委員会委員長

　ⅲ. 天然資源環境省大臣

　上記の行政機関の権限分担は、以下の通りである。

行政機関	権限分担
県レベル人民委員会委員長	土地紛争関係者が土地使用権証明書若しくは土地使用権証明書に該当する使用権を証明できる書類がない個人、世帯の紛争
省レベル人民委員会委員長	• 土地紛争関係者が組織、教会、ベトナム人外国定住者、外国資本を有する企業である場合の紛争 • 県レベル人民委員会委員長により、紛争を解決したが、土地紛争関係者が納得せず、県レベル人民委員会委員長に不服申立てを行う場合
天然資源環境省大臣	県レベル人民委員会委員長又は県レベル人民委員会委員長により、紛争を解決したが、土地紛争関係者が納得せず、天然資源環境省大臣に不服申立てを行う場合

　手続については、基本的に行政の不服申立てに関する法律に基づくが、それぞれの地方には、詳細な手続、提出が必要な書類、その他スケジュール関係の規定が異なる場合が多いため、各地方の人民委員会のホームページに事前に手続の案内を確認するべきである。

VIII

不動産に関する会計

総　論

　ベトナムで事業を行う企業は、ベトナム会計基準（Vietnam Accounting Standard（以下、「VAS」）にしたがって財務諸表を作成する必要がある。
　現在VASは以下の各基準により構成されている。

基準番号	内　容
基準1	一般基準
基準2	棚卸資産
基準3	有形固定資産
基準4	無形固定資産
基準5	投資不動産
基準6	リース
基準7	関連会社投資
基準8	合弁会社の資本拠出に関する財務情報
基準10	外国為替レート変動の影響
基準11	企業結合
基準14	収益及びその他
基準15	工事契約
基準16	借入コスト
基準17	法人税
基準18	引当金、偶発債務及び偶発資産
基準19	保険契約
基準21	財務報告
基準22	銀行及びその他金融機関の財務諸表における開示
基準23	後発事象
基準24	キャッシュ・フロー計算書

基準25	連結財務諸表
基準26	関連当事者
基準27	中間財務報告
基準28	セグメント情報
基準29	会計方針の変更、会計の見積及び誤りの修正
基準30	一株当たりの利益

不動産投資を事業として行う場合、投資の対象となる資産には土地、建物、土地及び建物に定着するインフラ設備が含まれ、投資の形態として当該資産を自ら所有する場合とリースにより賃借して転貸することが一般的であると考えられるが、それら不動産につき適切な会計処理を行うため、VASでは各資産をその使用目的により以下のように区分することが求められる。

(i) 所有者が使用する不動産

(ii) 投資不動産

(iii) 棚卸資産

(iv) リース資産

ⅰ. 所有者が使用する不動産とは、物品の製造や販売、サービスの提供、経営管理を目的として、所有者又はファイナンス・リースの賃借人が自ら使用する不動産をいう（VAS基準5、5条）。例えば、企業が保有する自社オフィスや工場建物、従業員の住居用建物、個人が現地で居住するための建物やアパートの分譲物件、それらの敷地の土地使用権といった不動産がこれに該当する。

すなわち、所有者が使用する不動産に区分される資産は、その所有者が自己使用目的で事業の用に供する資産であるため、そのうち建物やインフラ設備等はVAS基準3（有形固定資産）の規定に従うこととなる。土地使用権については、自ら所有する場合はVAS基準4（無形固定資産）の規定に従う。サブリースの場合はリース開始時もしくはその後に支払ったリース料を長期前払費用（又は前払費用）として計上することとなる。

ⅱ. 投資不動産とは、所有者が使用する不動産及び棚卸資産に分類される不

動産以外の、所有者又はファイナンス・リースの賃借人が、賃貸収益若しくはキャピタル・ゲイン又はその両方を獲得することを目的として保有する不動産である。土地使用権若しくは建物（若しくは建物の一部）又はその両方及び固定資産として認識されるインフラ設備等が該当する（VAS基準5、5条）。例えば、不動産事業者等が賃貸目的で保有する居住用アパートやコンドミニアムがこれに該当すると考えられる。

一つの不動産を複数の目的で使用する場合、例えば賃貸用アパート1棟を所有し、その一部を自社の事務所やテナントへの警備その他のサービス提供のために使用するといった場合がある。この場合、使用目的に応じた各部分を切り離して売却することが可能であれば会計上は区分管理する。つまり、賃貸目的部分を投資不動産とし、自社利用部分は所有者が使用する不動産として扱うこととなる。一方、前述のような区分が困難な場合には、自社利用目的の部分の全体に占める割合が相当程度低いことを前提に当該不動産の全部を投資不動産として扱うこととされている。

他方、建物等不動産を所有してホテル事業を行う場合、不動産の大部分は宿泊客にサービスを提供するために使用されるものとみなされる場合、投資不動産ではなく所有者が使用する不動産（有形固定資産）として扱う（VAS基準5、9条、10条）。

なお、建設中又は開発中の不動産は、有形固定資産の建設仮勘定として扱われ、建設完了後に投資不動産として計上される（VAS基準5、23条(e)）。投資不動産は、VAS基準5（投資不動産）を適用して会計処理を行う。

iii. 棚卸資産とは、不動産販売を事業として行う企業が販売を目的として保有する不動産又は同様の目的で建設や開発途中にある不動産をいう。棚卸資産に区分される不動産の会計処理は、VAS基準2（棚卸資産）の規定に従う。

iv. リース資産とは、貸手が所定の期間にわたり対価を受領して借手に資産の使用権を移転する契約（いわゆるリース契約）に基づき借手が使用する資産をいう。リース資産については別途、本章（8）で詳細を述べる。

　各区分の不動産の会計処理にあたり準拠すべき主な基準は、VASの基準1
（一般基準）、基準2（棚卸資産）、基準3（有形固定資産）、基準4（無形固定
資産）、基準5（不動産投資）及び基準6（リース）並びにVASが準拠する税
務その他の関連法令が挙げられる。

　また、各資産区分の恣意的な変更は認められないものの、以下の場合に限り
認められる。

区分変更が認められる場合	区　分	
	変更前	変更後
投資不動産として所有していた資産を所有者が自ら使用することとなった場合	投資不動産	所有者が使用する不動産
投資不動産として所有していた不動産を販売目的に変更した場合	投資不動産	棚卸資産
自己が使用する不動産について、その使用を終了し他者に賃貸する場合	所有者が使用する不動産	投資不動産
棚卸資産として保有してた不動産をオペレーティング・リース契約（詳細は後述）により他者に賃貸する場合	棚卸資産	投資不動産
建設中又は開発中の投資不動産の建設又は開発が完了した場合	有形固定資産（建設仮勘定）	投資不動産

（VAS基準5、23条）

　区分変更の際、引き継がれる内容は、変更前後の区分により異なる。例えば、
投資不動産から所有者が使用する不動産に変更する場合、又はその逆の場合は、
取得原価と減価償却累計額がそれぞれ引き継がれる。また、投資不動産から棚
卸資産へ変更する場合、区分変更前の帳簿価額、すなわち取得原価から減価償
却累計額を控除した簿価が引き継がれる。なお、棚卸資産から投資不動産へ変
更する場合、投資不動産の取得原価に引き継がれることとなる。

2 各 論

2.1　　　　　　　　　　　　　　　　　　　　　　取得原価の計算方法

　各区分の不動産の取得原価の計算方法は以下のとおりである。

① 所有者が使用する不動産

　ⅰ．購入により取得した不動産

　　　取得原価は以下のように算定される（VAS基準3、14条）。

　　　取得原価＝(ア)購入代価＋(イ)税金＋(ウ)直接関連費用

　　　(ア)　購入代価

　　　　　値引き及び割引を控除した後の価格で算定される。

　　　(イ)　税　金

　　　　　輸入関税等取得に必要な税金であるが、還付される税金は控除される。

　　　(ウ)　直接関連費用とは、当該資産を意図した用途で使用できる状態にするまでに直接要した費用で、例えば地ならし費、据付及び試運転にかかる費用、専門家の費用、その他当該資産の取得に直接的に要した費用が挙げられる。ただし分割払いにより生じる利子は取得原価に含めるべき直接関連費用とはされない。

　　　土地使用権と土地に定着する建物を購入により取得した場合、土地使用権の取得原価は建物と区分して個別に算定し、無形固定資産に計上する必要がある。取得原価の算定の際、直接関連費用は土地使用権及び土地に定着する建物等に適切に按分する点、留意が必要である。

　ⅱ．自己建設の不動産

　　　取得原価は以下のように算定される（VAS基準3、18条）。

　　　取得原価＝(ア)建設のために実際に要した費用＋(イ)据付及び試運転費用

(ア)　建設のために実際に要した費用

実際に発生した建設及び製造費用であり、不動産建設のための合理的な費用とは考えられないもの、例えば内部振替利益、資材の廃棄処分費用や通常の水準を上回る労務費などの費用は含まれない。

(イ)　据付及び試運転費用

当該不動産を使用可能な状態にするために直接的に関連する費用

iii. 交換により取得した不動産

交換により不動産を取得した場合、追加の金銭支出額を調整した後の交換対象不動産の合理的な価額により取得価額を算定する。ただし、同種の不動産を交換する場合、交換前の不動産の帳簿価額を交換後の資産に引き継ぐこととされ、交換によって損益は発生しない（VAS基準3、20条21条）。

不動産に関し取得後に改良等の支出があった場合、その支出が当該不動産の将来の経済的便益に資するものであり、あるいは不動産の価値を高めると認められる場合には、その支出額を当該不動産の取得原価に追加計上する（VAS基準3、23条24条）。

② **投資不動産**

i. 購入により取得した投資不動産

所有者が使用する不動産と同様、取得原価は以下のように算定される（VAS基準5、16条）。

取得原価＝(ア)購入代価＋(イ)税金＋(ウ)直接関連費用

取得原価の構成要素の内容も所有者が使用する不動産を購入により取得した場合と同様である。

ii. 自己建設の投資不動産

建設又は開発が完了した時点における建設仮勘定に集計された当該不動産の建設又は開発に要した費用の残高を、当該投資不動産の取得原価とする（VAS基準5、17条）。

当該不動産が意図した用途のために使用できる状態にするために要した費用以外の初期的費用、入居者数が見込み水準にまで達しなかったことによる損失、

異常な原材料の廃棄損や労務費は取得原価に含めることができない（VAS基準5、18条）。

　また、当該投資不動産に関し事後的に支出がある場合、当初の見込みを上回る将来の経済的便益の享受に資すると認められる支出額は、当該投資不動産の帳簿価額に追加計上することとなる（VAS基準5、20条）。

③　棚卸資産

　購入又は自己建設により取得した場合、その取得原価は基本的には所有者が使用する不動産と同様に算定する。販売費用や管理費用は、棚卸資産に区分される不動産の取得原価に算入する附随費用からは除かれる点に留意が必要である。

　棚卸資産については、会計期末に正味実現可能価額と帳簿価額とを比較して、いずれか低い方を棚卸資産の評価額として付すことになる。例えば市場価格の下落、棚卸資産の損傷による価値の下落といった状況があり当初見込んだ価格での販売ができずその帳簿価額の回収が見込まれない場合、市場価格等合理的な価値にまで帳簿価額を引き下げ、その差額を棚卸資産評価引当として計上することとなる点にも留意が必要である。

2.2　取得及び譲渡の計上基準

　各区分の不動産の計上基準は以下の通りである。

①　所有者が使用する不動産

　VAS基準3では、購入した有形固定資産は、その資産の使用権が買い手に移転した時点、すなわち買い手にとって当該資産が意図した用途での使用が可能な状態になった時に資産計上することとされる。ただし、当該資産を有形固定資産として計上するためには以下の4つの計上要件を満たす必要がある（VAS基準3、6条）。

　ⅰ．当該資産の使用により将来的に経済的便益を享受することが確実に見込まれる。

　ⅱ．取得原価を信頼し得る方法で算定できる。

iii．1年超にわたり使用される。

iv．現行の関連法規に定められる基準額を満たしている。

基準額については、法人所得税に関する法令に準拠するのが一般的な取り扱いであり、現行法令（CircularNo.45/2013/TT-BTC 3条1項c)）によると資産の計上基準額は1件当たりの取得原価が3,000万VND以上とされる。

② 投資不動産

VAS基準5では、投資不動産はその取得又は建設が完了した時に計上することとされ、具体的には当該不動産の使用権が買手に移転した時に計上する。当該資産を投資不動産として計上するためには以下の要件を満たす必要がある（VAS基準5、13条）。

i．当該資産の使用により将来的に経済的便益を享受することが確実に見込まれる。

ii．投資不動産にかかる費用を信頼し得る方法で算定できる。

③ 棚卸資産

不動産取引で棚卸資産として計上されるものには、大きく区分して完成品と仕掛品が挙げられる。購入してそのまま販売できる建物その他の資産については、使用可能であることが確認された時点で完成品として計上する。自己建設又は開発中の不動産については、当該不動産が完成された時点で仕掛品から完成品へ振り替えられる。

2.3　　　　　　　　　　　　　　　　　　　　　　　時　価

VASでは資産は原則として時価ではなく取得原価で計上することとされる。資産の取得原価はその取得に要した金銭支出又は資産計上時の合理的な価値により算定する。会計基準により別途規定される特定の場合を除き、不動産の耐用年数にわたり当該資産を時価により財務諸表に計上することは認められていない。その背景には、国際的な基準による不動産評価市場がベトナムにはまだ設定されておらず資産の時価算定が困難であり、時価主義の適用を認めると利益操作の余地があり財務諸表の質に悪影響を及ぼす可能性が高いと考えられる

という背景があるためである。

　ただし、棚卸資産に区分される不動産については会計期末に市場価格を考慮した正味実現可能価額による評価が必要な場合がある点は前述の通りである。

2.4　　　　　　　　　　　　　　　　　　　　　　　　　　表示方法及び区分

　各資産の財務諸表計上項目は、その区分に応じ以下のように表示される。

資産区分＼計上項目	貸借対照表項目		損益計算書項目
	取得原価	減価償却累計額	減価償却費
所有者が使用する不動産： ⅰ．土地使用権以外	有形固定資産	有形固定資産減価償却累計額	減価償却費
ⅱ．土地使用権	無形固定資産 （土地使用権）	無形固定資産減価償却累計額	減価償却費
投資不動産 ⅰ．建設又は開発中	建設仮勘定	－	－
ⅱ．建設中又は開発中の不動産にかかる土地使用権	建設仮勘定 （取得代価）	－	－
ⅲ．上記以外	投資不動産	投資不動産減価償却累計額	減価償却費
棚卸資産	棚卸資産	－	－

（Circular200/2014/TT-BTC）

　また、各区分の資産について財務諸表で開示する必要がある項目は以下の通りである。

① 所有者が使用する不動産

　〈開示事項〉

　　ⅰ．取得原価の算定方法

　　ⅱ．減価償却の方法

　　ⅲ．耐用年数

　　ⅳ．会計期間の期首及び期末における取得原価

　　ⅴ．会計期間の期首及び期末における減価償却累計額

　　vi．会計期間の期首及び期末における帳簿価額

〈財務諸表注記〉

　　i．取得原価の増減

　　ii．減価償却累計額の増減

　　iii．借入金の担保のために差し入れた資産の帳簿価額

　　iv．建設仮勘定金額

　　v．将来における多額の有形固定資産の購入又は売却のコミットメント

　　vi．時期的に遊休となっている資産の帳簿価額など

② **投資不動産**

〈開示事項〉

　　i．取得原価の算定方法

　　ii．減価償却の方法

　　iii．耐用年数

　　iv．会計期間の期首及び期末における取得原価

　　v．会計期間の期首及び期末における減価償却累計額

　　vi．会計期間の期首及び期末における帳簿価額

〈財務諸表注記〉

　　i．不動産投資の区分が困難な場合、所有者が使用する不動産及び通常の
　　　事業活動における販売目的資産（棚卸資産）から当該不動産を区分する
　　　ため企業が独自で設定した基準

　　ii．投資不動産の賃貸収入、投資不動産による賃貸収入を獲得するために
　　　発生した直接経費（修繕維持費等）、期中に賃貸収入を得られなかった投
　　　資不動産にかかる直接経費（修繕維持費等）

　　iii．投資不動産取引収入の増減理由

　　iv．投資不動産の購入、建設、開発、修繕、維持、増強といった重要な契
　　　約上の義務

　　v．以下の情報の開示（前期の比較情報は不要）

　　　　買収による増加、企業結合による増加、所有者が使用する不動産及び
　　　棚卸資産からの区分変更による振替額など

vi. 会計期間期末における投資不動産の時価（客観的に時価の算定ができ
ない場合はその理由等を開示することが求められる）

③ 棚卸資産

企業は不動産に関し次の項目を財務諸表で開示することが求められる。

ⅰ. 棚卸資産の評価方法など棚卸資産の評価に適用される会計方針

ⅱ. 適切な方法に従い分類された棚卸資産の種類ごとの当初の取得価額

ⅲ. 棚卸資産の評価引当金額

ⅳ. 棚卸資産評価引当金額の戻入額

ⅴ. 棚卸資産評価引当金額の増加及び戻入理由

ⅵ. 借入金や債務の担保として差し入れた棚卸資産の帳簿価額（当初の取得
原価から評価引当金控除後）

2.5　耐用年数

　VASでは有形固定資産はその耐用年数にわたり減価償却手続により取得原価
を費用化することとされ、不動産に関しては所有者が使用する不動産及び投資
不動産は減価償却が必要となる（VAS基準3：29条、VAS基準5：22条）。減
価償却を行うにあたり耐用年数の決定についてVASに詳細な規定はなく、実務
上は税務に関する規則（CircularNo.45/2013/TT-BTC）で定められる耐用年数
の範囲内で、企業独自に見積もるのが通例である。

　税務上の耐用年数を適用しない場合、会計上と税務上の減価償却費に差額が
生じ、税効果会計の適用により繰延税金資産及び負債を認識することとなる。か
かる一時差異の発生を回避するため、実務上は会計上も税法上の耐用年数を適
用するケースがほとんどである。

　CircularNo.45/2013/TT-BTCで規定される各資産の耐用年数は以下の通りで
ある。

資　産　項　目	耐用年数（年）	
	最短	最長
発電機及び発電設備		
1．発電機	8	15
2．発電機（水力発電、火力発電、風力発電、混合ガス発電）	7	20
3．変電設備及び電気設備	7	15
4．その他の発電機及び電気設備	6	15
その他の機器及び製造設備		
1．工作機械	7	15
2．鉱業用の機械及び設備	5	15
3．トラクター	6	15
4．農業用等の機械	6	15
5．送水及び燃料ポンプ	6	15
6．治金、防錆、腐食表面加工用の設備	7	15
7．化学品製造設備	6	15
8．建築資材、石材、ガラス製品製造用の機械及び設備	10	20
9．電子、光学、精密機器の製造用の設備	5	15
10．皮製品及び事務用品の印刷に供される機械及び設備	7	15
11．繊維製品に供される機械及び設備	10	15
12．縫製産業に供される機械及び設備	5	10
13．製紙産業に供される機械及び設備	5	15
14．食品製造及び加工用の機械及び設備	7	15
15．映画製作及び健康器具及び設備	6	15
16．電気通信、情報、電子機器、コンピューター及びテレビ用の機械及び設備	3	15
17．医薬品製造の機械及び設備	6	10
18．その他の機械及び設備	5	12
19．石油化学製品に供される機械及び設備	10	20

20. 石油・ガス探査及び石油・ガス抽出に供される機械及び設備	7	10
21. 建設機械及び設備	8	15
22. クレーン	10	20
実験及び計測器具		
1. 機械、温度、音量の実験及び計測設備	5	10
2. 光学及びスペクトル設備	6	10
3. 電気及び電子設備	5	10
4. 物理化学の測定・分析設備	6	10
5. 放射線設備及び器具	6	10
6. 特定の用途の設備	5	10
7. その他の実験・測定設備	6	10
8. 鋳造に供される金型	2	5
設備及び車両		
1. 陸送用車両	6	10
2. 鉄道車両	7	15
3. 水運用船舶	7	15
4. 航空機	8	20
5. パイプラインの運搬設備	10	30
6. 商品の積み下ろし機器	6	10
7. その他の設備及び車両	6	10
管理用機器		
1. 計算・測定機器	5	8
2. 管理用の機械、通信設備及びソフトウェア	3	8
3. その他の管理用機器	5	10
建物及び構築物		
1. 堅固な建物（住宅も含む）	25	50
2. 簡易的な休憩施設、食堂、ロッカー室、トイレ、車庫等	6	25
3. その他の建物	6	25

4．倉庫、貯蔵タンク、橋、道路、飛行場、駐車場、乾燥場等	5	20
5．堤防、ダム、排水路	6	30
6．港湾	10	40
7．その他の構築物	5	10
家畜及び植物		
1．家畜	4	15
2．産業用の植物等	6	40
3．芝生、グリーンカーペット	2	8
上記に区分されない無形固定資産	4	25
その他の無形固定資産	2	20

　耐用年数は会計年度末に見直しを行い、必要に応じ適宜調整することとされる（VAS基準3、33条）。

2.6 償却方法

　VASに従い、所有者が使用する資産及び投資不動産に区分された有形及び無形固定資産（不使用、遊休資産を含む）は、法令等で規定される方法により減価償却することとされ、企業は法令の規定や経営上の必要性、経営方針、投下資本の回収計画、財務体質の強化等を考慮し、各不動産につき適切な減価償却方法を選択する必要がある。

　現在VAS及び税務に関する規則で認められる減価償却方法は以下の3つである。

　ⅰ．定額法

　ⅱ．定率法

　ⅲ．生産高比例法

　実務上は、不動産の減価償却方法として定額法が選択適用されるのが一般的である。

　減価償却方法の妥当性につき、少なくとも会計期末に見直し検討することが

求められ、当該資産の経済的便益に重要な変更がある場合には耐用年数も含め減価償却方法を適切に変更する必要がある（VAS基準3、36条）。そして、当該変更を行った場合は、それに伴う当該会計期間及びそれ以降の期間の減価償却費を適宜調整して財務諸表に計上する。なお、事業の用に供される所有者が使用する不動産及び投資不動産の減価償却費は当該期間の営業費用として計上し、不使用又は遊休資産の減価償却費は一般的にはその他の費用として計上するのが適切と考える。

2.7 リース

　不動産事業において、収益目的のために自己が不動産を所有して賃貸する場合と、不動産所有者から不動産を賃借して転貸する場合とが考えられる。

　VASでは、ファイナンス・リース取引とオペレーティング・リース取引はそれぞれ以下のように定義されている（VAS基準6、4条）。

　ファイナンス・リースとは、貸手が一定期間にわたり一括又は分割払いのリース料を対価の受領と引き換えに、借手に特定の資産の使用権を移転する契約をいい、当該資産の所有によるリスク及び便益のほとんどが貸手から借手に移転されるものをいう。

　他方、オペレーティング・リースとは、ファイナンス・リース以外のリースをいう。

　一般的に以下のようなリース取引はファイナンス・リース取引に該当すると解される（基準6、9条10条）。

　ⅰ．リース期間終了時に当該資産の所有権が借手に移転される。

　ⅱ．リース契約開始時に借手がリース期間終了後に合理的な価格に比して割

安で当該資産を購入できる権利が付与されている。

iii. 貸手から借手に所有権は移転されなくとも、リース契約期間がリース資産の経済的耐用年数のほとんどを占める。

iv. リース契約開始時に支払リース料総額の現在価値がリース資産の見積購入価額のほとんどを占める。

v. リース資産が借手の用途に合わせた特別な仕様となっており、当該借手以外の者がそのリース資産を使用するためには重要な改良が必要である。

vi. 借手がリース契約を解約する場合、貸手に対し当該解約に伴う損害賠償の支払が契約で定められている。

vii. リース資産の見積残存価額の変更による損益が借手に帰属することが契約で定められている。

viii. リース契約終了後に借手が市場価格よりも低価で当該リース資産をリースすることが可能である旨が契約で定められている。

ファイナンス・リース取引に該当する不動産については、売買取引に準じた処理となる。貸手においては不動産ではなく金銭債権等を認識する。他方、借手においては固定資産として取り扱われ、当該不動産が投資不動産の定義に該当する場合には、投資不動産として計上する。自社が借手となって対象物件を賃借しそれを転貸する場合、転貸取引がオペレーティング・リース取引となる場合には、対象物件が投資不動産の要件を満たす限りVAS基準6「リース」の規定に従い自社の会計処理を行う。

ファイナンス・リース取引とオペレーティング・リース取引の区分は、契約開始時において、契約内容の実質に基づいて行うこととされる。契約開始後の契約内容の変更があった場合、リース取引の区分にも影響することがあるため留意が必要である。

なお、土地に関しては、経済的耐用年数が定義されない、土地所有権が契約終了時に借手に移転されない、土地所有にかかるリスク及び経済的便益が借手に移転されないという性質に照らし、土地使用権のリースはオペレーティング・リース取引に区分される。

会計上、ファイナンス・リース取引は、通常の売買取引に係る方法に準じた

処理が求められる。すなわち、対象物件を貸借対照表に固定資産又は投資不動産として計上すると同時に同額をリース債務として負債に計上し、減価償却費とリース料に含まれる利息費用を損益計算書の費用として計上する。したがって、収益目的でファイナンス・リース取引により不動産を調達し、オペレーティング・リース取引により転貸する場合、自己所有の場合と同様に当該リース契約期間中は投資不動産として減価償却を行う。そして、減価償却費（延長期間にかかるものも含む）と外注費や当該不動産の管理業務関与者の人件費などの直接費用を経費として計上する。なお、リース料を前受している場合、当期の売上として計上された収益に対応する減価償却費を計上する。

　一方、オペレーティング・リース取引は通常の賃貸借取引にかかる方法に準じた処理をすることとされ、対象資産を貸借対照表に固定資産や投資不動産として計上せず、リース料を発生の都度費用として計上する。土地使用権をリースにより賃借し、賃料を前払する場合、リース期間にわたり前払リース料を償却し当該会計期間の費用として計上する。

　VASに基づきリース取引について財務諸表で表示が求められる事項は以下のとおりである（VAS基準6、38-41条）。

【借　手】	【貸　手】
① ファイナンス・リース取引	
• 貸借対照表日におけるリース資産の帳簿価額 • 当期に費用計上した偶発（追加）賃料 • 偶発（追加）賃料の算定基礎 • 再リース期間又は資産購入権	• 以下の期間ごとの貸借対照表日におけるリース料総額及び最低受取リース料 　－1年以内 　－1年超5年以内 　－5年超 • ファイナンス・リース取引にかかる前受リース料 • 貸手の見積による未保証の残価 • 最低受取リース料にかかる引当金 • 当期に収益認識した偶発（追加）賃料
② オペレーティング・リース取引	
• 以下の期間ごとの、解約不能のオペレーティング・リース取引にかかる将来の最低支払リース料 　－1年以内 　－1年超5年以内 　－5年超 • 偶発（追加）賃料の算定基礎	• 以下の期間ごとの、解約不能のオペレーティング・リース取引にかかる将来の最低受取リース料 　－1年以内 　－1年超5年以内 　－5年超 • 当期に収益認識した偶発（追加）賃料

IX

不動産事業に
関する税務

1 総　論

　ベトナムでの不動産譲渡所得は法人所得税法（対企業）、個人所得税法（対個人）、及び付加価値税法に基づき課税される。法人に対しては外資か内資か、独立企業間取引か関連者間取引かを問わず、課税所得の算定方法及び税率はすべての業種に一律に適用される。個人に対しては、居住者か非居住者か、独立企業間取引か関連者間取引かを問わず、課税所得の算定方法及び税率は一律に適用される。

　事業を行わない個人は、不動産譲渡時に付加価値税の納税義務はない。他方、法人は、不動産譲渡時に付加価値税の申告及び納税が義務付けられている。不動産事業を行わない法人は、不動産譲渡所得を事業所得と切り離して算定し、税務申告及び納税する必要がある（分離課税）。なお、不動産譲渡所得には法人所得税の優遇措置（優遇税率及び減免税期間等）は適用されない。

個人所得税 (Personal Income Tax - PIT)

2.1 個人所得税概要

ベトナム税法上の「居住者」とは、以下のいずれかの条件を満たす個人をいう。

　ⅰ. 暦年、又はベトナムに入国した日から連続する12か月の期間のうちベトナムに滞在する期間が183日以上であること。なお滞在日数の計算上、出入国の日はまとめて1日とされる（例：7月14日にベトナムに入国し、7月15日に出国する場合、滞在日数は1日とカウントされる。）。

　ⅱ. ベトナムに恒久的居所を有すること。「恒久的居所を有する」とは以下のいずれかの場合をいう。

　　（ⅰ）ベトナムにおける居住関連の法律に基づき登録されている恒久的居所を有する。例えば、外国人の場合には公安省管轄の権限ある当局によって発行された一時居住者カード、又は永住居住者カードに登録されている居住物件を所有している。

　　（ⅱ）課税年度内に合計日数が183日以上の一つ又は複数の借家契約を締結している。この場合の「借家」にはホテル・ゲストハウス・旅館・勤務する事務所等を含む。

居住者と非居住者の個人所得税（以下、PITという）対象所得の範囲は以下のとおりである。

> 「居住者」の課税対象：全世界所得（支払地不問）
>
> **「非居住者」の課税対象：**
> **ベトナムを源泉とする所得**
> **（支払地不問）**

「居住者」に対しては、全世界所得がPITの課税対象となる。ここでいう全世

界所得とは、支払地を問わずに、ベトナム国内外で得たすべての所得をいう。

「ベトナム居住者」以外の個人を「ベトナム非居住者」という。非居住者に対しては、支払地を問わずに、ベトナムを源泉とする所得のみが課税対象になる。

2.2　　　　　　　　　　　　　　　　**不動産譲渡における個人所得税**

（1）PIT課税対象所得

不動産譲渡におけるPIT課税対象所得は以下のとおりである。

　ⅰ．土地使用権の譲渡所得

　ⅱ．土地使用権及び土地に定着する財産の譲渡所得。土地に定着する財産は以下のものをいう。

　　（ⅰ）　居住用家屋（将来完成予定のものを含む）

　　（ⅱ）　土地に定着するインフラ設備及び建造物（将来完成予定のものを含む）

　　（ⅲ）　樹木など土地に定着する農作物、家畜、林産物及び水産物

　ⅲ．居住用家屋所有権の譲渡所得（将来完成予定のものを含む）

　ⅳ．土地賃借権、水面賃借権の譲渡所得

　ⅴ．法人設立時又は増資時の法令に基づいた現物出資による所得

　ⅵ．不動産管理を委託された者が法令に基づいて不動産譲渡権限又は不動産所有者としての権利を有する場合、不動産管理による所得

　ⅶ．その他いかなる方法によるかを問わず不動産を譲渡して得た所得

居住用家屋、将来完成予定の建造物の定義は不動産事業関連法令により規定される。

（2）PIT課税対象価格算定方法

不動産譲渡によるPIT課税対象価格は次のように算定される。

建物がない土地使用権の譲渡価格は譲渡時点における譲渡契約書に記載される価格とされる。譲渡契約書に価格が記載されていない場合又は譲渡時点における譲渡契約の価格が地方人民委員会により規定される地価より低い場合、譲渡価格は譲渡時点における地方人民委員会により規定される地価に基づき算定

される。

　居住用家屋（将来完成予定のものを含む）や土地に定着する建造物の土地使用権の譲渡価格は、譲渡時に譲渡契約書に記載される価格とされる。譲渡契約書に価格が記載されていない場合又は譲渡時点における譲渡契約の価格が地方人民委員会により規定される地価より低い場合、譲渡価格は譲渡時点において地方人民委員会により規定される土地価格に基づき算定される。地方人民委員会による建物登記手数料の算定価格の規定がない場合は、土地に定着する建物の分類や規範、残存価値に関する建設省の規定に基づき算定される。

　借地権の転貸価格は当該借地権の転貸時点における転貸借契約書に記載された価格とされる。転貸借契約書に記載される価格が転貸時点において人民委員会が規定する価格より低い場合、転貸価格は人民委員会が規定する価格に基づき算定される。

（3）PIT税率

　不動産譲渡所得に対するPIT税率は譲渡価格又は転貸価格の2％である。共同所有不動産の譲渡の場合、各所有者の納税額その所有割合に応じて算定される。各所有者の所有割合は当初の出資契約、遺言又は裁判所の分割決定書などの法的文書に基づき決定される。法的文書がない場合、納税額は各所有者に均等に按分される。

（4）PIT免税適用条件

　以下のいずれかを満たす場合、不動産譲渡所得におけるPIT免税が適用される。

　ⅰ．夫婦、実父母と実子、養父母と養子、義父母と義子、祖父母と孫、兄弟姉妹間での将来完成予定の居住用家屋及びその他建造物を含む不動産譲渡による所得であること。

　ⅱ．離婚の際の、婚姻期間中の共有財産とされる不動産の分割であること。

　ⅲ．個人の居住用家屋及び居住用土地の使用権の譲渡による所得であり、譲渡時において、譲渡者は居住用家屋を1戸のみ所有権を有していること又

は居住用の土地１区画のみの使用権（土地に定着する居住用家屋又は将来完成予定の建物を含む）を有しており、かつ、それを土地使用権、居住用家屋及びその他土地に定着する財産に関する証明書により居住用家屋の所有権、居住用土地の使用権を確認できること。

　なお、居住用家屋住宅、居住用土地の全部の譲渡である必要があり、その一部のみを譲渡する場合は免税が適用されない。

共同所有の居住用家屋又は共同所有の居住用土地の使用権の譲渡の場合、当該居住用家屋の所有権又は居住用土地の使用権を有する個人がその他の場所に所在する居住用家屋の所有権又は居住土地の使用権を有していないこと。他の場所に居住用家屋の所有権又は居住用土地の使用権を持っている個人は免税が適用されない。

夫婦が居住用家屋の所有権又は居住用土地の使用権を共同所有しており、それが夫婦の唯一の共有財産であるが、当該共同所有不動産の譲渡時に夫又は妻のいずれかが他に単独で居住用家屋又は居住用土地を所有している場合、単独の不動産を有していない夫又は妻は免税が適用される。他方、単独の不動産を有する夫又は妻は免税が適用されない。

（5）PIT申告納税期限

不動産譲渡所得におけるPIT申告納税期限は以下のとおりである。

譲渡契約において譲渡人に代わって譲受人が納税する合意がない場合、譲渡契約が効力を有する時点から起算して10日以内に確定申告書を提出及び納税（あれば）しなければならない。

譲渡契約において譲渡人に代わって譲受人が納税する合意がある場合、不動産所有権又は、不動産使用権の登記時点までに確定申告書を提出及び納税（あれば）しなければならない。

また、個人は免税が適用される場合であっても所得発生の都度、申告を行う必要がある。

（6）PIT申告に必要な書類

不動産譲渡における PIT 申告に必要な書類は以下のとおりである。

ⅰ．2015年6月15日付財務省通達No.92 / 2015 / TT-BTCの付録に規定される様式No.03/BDS-TNCNの申告書

ⅱ．土地使用権証明書、建物又はその他土地に定着する建造物の所有権を証明する書類のコピー。将来完成予定の建物や建造物の譲渡の場合、当該建物や建造物の譲渡契約書のコピー

ⅲ．不動産譲渡契約書。将来完成予定の建物や建造物の譲渡の場合、当該建物及び建造物の譲渡契約書のコピー。2回目以降の譲渡契約である場合、過去の譲渡契約書のコピー

ⅳ．不動産管理を委託している場合、不動産管理委託契約書

ⅴ．現物出資による不動産移転でPITの課税が一時保留される場合、法令に従った出資であることを証明する書類

ⅵ．PIT免税が適用される不動産譲渡については、免税要件を満たすことを証明できる根拠書類

免税申請に必要な書類は以下のとおりである。

ⅰ．夫婦、実父母と実子、養父母と養子、義父母と義子、祖父母と孫、兄弟姉妹の間の不動産譲渡の場合（不動産事業関連法の規定に基づく将来完成予定の居住用家屋及び建造物を含む）、夫婦間での不動産譲渡の場合（離婚による分割及び再婚による所有権の統合を含む）、戸籍謄本、婚姻証明書又は離婚若しくは再婚に関する裁判所の決定書のコピー

ⅱ．実父母と実子の間の不動産譲渡の場合、戸籍謄本又は出生届書のコピー　非嫡出子の場合、父、母又は子であることを認める所轄官庁の決定書のコピーが必要である。

ⅲ．養父母と養子の間の不動産譲渡の場合、戸籍謄本又は養子を認める所轄官庁の決定書のコピー

ⅳ．祖父母と孫との間の不動産譲渡の場合、孫の出生届及び孫の母親の出生届のコピー又は祖父母と孫の関係を示す登記簿謄本

ⅴ．兄弟姉妹間の不動産譲渡の場合、当事者である兄弟姉妹とその父母との

家族関係を証明する戸籍謄本、譲渡人と譲受人の出生届のコピー又はその他血縁関係を証明する書類

vi. 義父母と義子との間の不動産譲渡の場合、義父母と義子の関係を証明する書類のコピー（戸籍謄本等）又は結婚証明書及び妻又は夫の出生届のコピー

譲渡人の出生届又は戸籍謄本がない場合、免税の適用を受けるには譲渡人と譲受人の関係について人民委員会の確認書が必要である。

上記の各書類のコピーは公証が必要である。公証版がない場合、譲渡人は上記の各書類の原本を提示する必要がある。

譲渡人はベトナムで居住用家屋、居住用土地使用権を一つのみ有していることを免税条件とする場合、譲渡人は当該免除要件が真正であることを申告書に明記し、当該記載内容に対して責任を負う。不正が発覚した場合には法令に基づき、延滞税や罰金等の罰則規定が適用される。

（7）PIT申告書類提出方法

申告書類は税務署が指定するワンストップサービス窓口、あるいは譲渡対象不動産の所在地域の税務署に必要書類を提出する。ワンストップサービス窓口が設置されていない地方においては譲渡不動産の所在地域を所管する土地使用権登記事務所に提出する。なお、将来完成予定の住居用家屋、建造物を譲渡する場合、当該住居用家屋、建造物が立地している地域の所管税務署、又は税務署が指定する機関に提出する。

2.3 不動産相続・贈与における個人所得税

（1）PIT課税対象所得

不動産相続・贈与におけるPIT課税対象所得は土地使用権、土地に定着する財産がある土地使用権、将来完成予定であるものを含む住居用家屋の使用権、将来完成予定であるものを含む土地に定着するインフラ施設及びその他建造物、借地権、不動産の相続・贈与によるその他の所得である。

（2）PIT課税対象価格算定方法

　不動産相続・贈与による PIT 課税対象価格は相続・贈与対象の不動産価値のうち、1,000万 VND を超える価格である。相続・贈与される不動産価値は以下のように算定される。

　土地使用権の場合、土地使用権の価値は不動産使用権登記時点において地方人民委員会により規定された土地価格表に基づいて算定される。

　土地に定着する居住用家屋及びその他建造物の場合、家屋及びその他建造物の価値分類に関する権限を有している管轄機関による規定、管轄機関により交付された建設基準、所有権登記時点において居住用家屋及びその他建造物の残存価値に基づいて算定される。

　上記の規定に基づいて算定できない場合、地方人民委員会が規定する登記手数料の算定価格に基づく。

（3）PIT税率

　不動産相続・贈与所得に対する PIT 税率は10%である。

（4）PIT免税適用条件

　夫婦、実父母と実子、養父母と養子、義父母と義子、祖父母と孫、兄弟姉妹の間の不動産相続・贈与所得に対する PIT の免税が適用される。

（5）PIT申告納税期限

　不動産相続・贈与所得に対する PIT 申告納税期限は以下の通りである。

　相続・贈与契約において相続人（又は受贈者）が納税する合意がない場合、契約が効力を有する時点から起算して10日以内に確定申告書を提出及び納税（あれば）しなければならない。

　譲渡契約において相続人（又は受贈者）が納税する合意がある場合、不動産所有権又は、不動産使用権の登記時点までに確定申告書を提出及び納税（あれば）しなければならない。

　また、個人は免税が適用される場合であっても所得発生の都度、申告を行う

必要がある。

（6）PIT申告に必要な書類

　不動産相続・贈与所得に対するPIT申告に必要な書類と免税申請に必要な書類は不動産譲渡の場合と類似している。

　相続・贈与権を証明する書類が不動産譲渡を証明する書類の代わりに必要となる。不動産の相続人や受贈者が複数人で共同所有手続を実施する場合は、代表する個人が申告書を用意し、代表者以外の共同相続人又は受贈者は当該申告書に共同で署名し提出する。各相続人・受贈者が確定申告を行う必要はない。税務当局は確定申告書の内容に基づいて各相続人・受贈者に対する納税額を決定する。

（7）PIT申告書類提出方法

　申告書類の提出場所は不動産譲渡の規定に基づく。

3 付加価値税 (Value Added Tax - VAT)

3.1 付加価値税概要

　付加価値税（以下、VATという）とは、消費に至るまでの商品サービスの提供、販売段階で生じる付加価値に対して課される税金である。VATの納税義務者は次の者である。

　ⅰ．事業法人

　ⅱ．営利事業を営む各種団体

　ⅲ．ベトナム国内で事業を営む外国人・外国法人

　ⅳ．個人事業主

　ⅴ．外国法人からサービスを購入するベトナム国内の個人・法人・団体

3.2 不動産譲渡における付加価値税

（1）VAT課税対象

　不動産譲渡によるVATの課税対象は不動産譲渡価格（VATを除いた額）から対象不動産に含まれる土地の価格を差し引いた金額である。

　賃貸用住宅建設に必要なインフラ投資を目的に国から割当てられた土地の場合、土地の価格は法令で規定された土地使用料（土地使用料の減免の対象の場合は含まない）及び土地が収用される場合の補償費用を含む。

　国有の土地使用権の競売の場合、VAT控除対象の土地の価格は競売で落札された価格である。インフラ投資目的の土地のリース、販売用住宅建設のための土地のリースの場合において、VAT控除対象の土地の価格は法令で規定された土地使用料（土地使用料の減免の対象の場合は含まない）及び土地が収用される場合の補償費用を含む。

　組織や個人から土地使用権を譲渡する場合、VAT控除対象の土地の価格はイ

ンフラ施設（あれば）の価値を含む土地使用権を譲受した時点での土地の価格である。

譲渡の時点で土地の価格を確定できない場合、VAT控除対象の土地の価格は譲渡契約締結時点においての地方省・中央直轄市の人民委員会が決定する価格となる。

建設・譲渡（BT）方式により譲渡を行う場合、VAT控除対象の土地の価格は法令に基づいてBT契約を締結する時点での土地の価格である。BT契約締結時点において土地の価格を確定できない場合、法規定に基づいて地方省人民委員会により決定される価格となる。

農業用地使用権を譲渡後、管轄行政機関により販売用のマンション・住宅を建設するための用途への目的変更が認められた場合、VAT控除対象の土地の価格は譲渡された農業用地価格及び以下の費用を含む。

　　ⅰ．法令で規定する農業用地から住居用土地への用途目的変更にかかる土地
　　　　使用料
　　ⅱ．不動産事業者が代行納付する場合の譲渡にかかるPIT

販売目的でマンション・アパートを建設する場合、1平方当たりのVAT控除対象の土地の価格は、対象の土地の全体価格から建設面積で按分した価格となる。当該建設面積には廊下、階段、地下階等の共同使用される面積は含まない。

土地使用権を現物出資する場合、VAT控除対象の土地の価格は現物出資にかかる契約書に記載される価格である。土地使用権の価格が出資契約上の土地の価格より低い場合、控除対象の土地の価格は現物出資額と同額となる。

法令に基づき、農業用地から住居用地へ変換するために農業用地を所有している農家・個人が土地収用を承認する場合、VAT控除対象の土地の価格は管轄当局により承認された土地収用案に基づいて収用される農業用地の面積に応じて算定される補償費用の価格である。

インフラ施設の建設・運営、販売用の住宅の建設・譲渡が一度に行われない場合、VAT控除対象の土地の価格は、対象事業の進捗率に基づいて控除対象の土地の価格を按分し、控除額を適用する。

（2）VAT税率

不動産譲渡事業に対するVATの適用税率は10％である。不動産譲渡売上VAT額は、譲渡時に発行するインボイスに記載されるVAT額で、不動産譲渡におけるVAT課税対象価格に税率10％を掛けた金額となる。

（3）VAT申告・納税方法

不動産譲渡にかかるVATの申告・納税は単独で行われず、不動産譲渡以外の取引（あれば）と合わせて行われる。申告時期は設立後12か月経過していない企業若しくは、前年の商品販売・サービス提供売上金額が500億VND以下であれば四半期申告である。設立後12か月経過し、前年の商品販売・サービス提供からの売上金額が500億VNDを超えた場合は月次申告である。月次申告又は四半期申告のどちらかに確定後、当該申告方法は暦年の3年間継続して適用される。

4 法人所得税 (Corporate Income Tax - CIT)

4.1　　　　　　　　　　　　　　　　　　　　法人所得税概要

　ベトナムでは、ベトナム法人であるか外国法人であるか、又は法人であるか支店であるか否かに関わらず、事業活動から生じた所得について法人所得税（以下、CITという）が課される。課税対象期間におけるCITの額は、納税者の課税所得に税率を乗じて計算される。

　通常、課税対象期間は暦年が採用されるが、企業がグレゴリオ暦年（1月〜12月）以外の会計年度を適用した場合、その会計年度（当事業年度）が課税対象期間となる。会計年度は3月、6月、9月、12月末から選択可能である。

4.2　　　　　　　　　　　　　　　不動産譲渡事業者の法人所得税

（1）CIT課税対象所得

　不動産譲渡事業者の場合、CIT課税対象所得には以下が含まれる。

　i．土地使用権・土地賃借権の譲渡による所得（法令に基づいて土地使用権・土地賃借権が付随するプロジェクトの譲渡を含む）

　ii．土地に定着するインフラ施設、その他建造物の有無に関わらず、法令に基づく不動産事業者の土地転貸による所得

　iii．土地使用権、土地賃貸権の譲渡の有無に関わらず、譲渡時に資産価値を合算した場合の土地に定着する住居家屋、その他建造物の譲渡による所得

　iv．土地に定着する資産譲渡による所得

　v．住居用家屋の所有権あるいは使用権の譲渡による所得

（2）CIT 課税対象所得算定方法

不動産事業者による不動産譲渡における、課税対象所得は以下のように算定される。

不動産事業による課税対象所得

＝不動産譲渡事業売上－不動産取得原価－関連費用

（3）CIT 課税対象所得算定方法（例外）

不動産譲渡事業売上は、契約書に記載される譲渡価格を基に算定されるが、不動産売買契約締結時点において土地使用権譲渡価格が、地方省・中央直轄市の人民委員会が規定する土地価格表の金額より低い場合、当該土地価格表の金額に基づいて課税対象売上額が算定されるものとする。

課税対象売上は、譲受人の資産の所有権、土地の使用権の登記状況の如何に関わらず、譲渡人が譲受人に不動産を引渡した時点で発生する。

（4）不動産取得原価と関連費用

不動産取得原価と関連費用には以下が含まれる。

ⅰ．土地使用権又は土地賃貸権取得原価、国から割当てられた土地の場合は国に対して、納付した金額である。他の組織・個人から土地使用権を取得した土地の場合、土地使用権又は土地賃貸権を取得時の契約書や支払証明書に基づくものとする。契約書や支払証明書がない場合、不動産を譲り受けた時点の地方省・中央直轄市の人民委員会が規定する価格に基づいて算定されるものとする。

ⅱ．現物出資による土地の場合、現物出資時に用意された議事録に記載された土地使用権・土地賃借権の評価額

ⅲ．土地使用権、土地賃借権の競売を行う場合、落札価格

ⅳ．民事法に基づいて贈与により取得した土地で原価が確定できない土地の場合、贈与時において、政府が規定する土地価格表に基づいて地方省・中央直轄市の人民委員会が規定する価格に基づいて算定されるものとする。

ⅴ．補償費用（例:法令に基づいて再定住にかかる賠償費用）。当該費用を証

明するインボイスがない場合、補償対象者の名前、住所、補償内容、補償額、受取人の署名が含まれる明細書が通常代わりとなるが、所轄の市町村自治体への事前確認が必要である。

vi. 土地使用権証明書発給行政費用

vii. 土地の造成、整地にかかる費用

viii. 道路、電気、給水、排水、通信などインフラ整備投資費用

ix. その他、土地使用権、土地賃貸権取得時に発生した費用

（5）関連費用の配賦方法

プロジェクト進捗に基づいて完成箇所から随時販売する投資事業の場合、共通費用及び完成箇所にかかる直接費用は譲渡対象土地に配賦される。

共通費用には、対象地域内道路整備費用、公園建設費用、給水・排水システムの設置費用、変圧所建設費用、土地に定着する財産の損害賠償費用、再定住にかかる賠償費用、管轄機関が承認した土地収用の賠償費用、その他の投資費用を含む。

上記の費用の配賦は以下の計算方式に従って行う。

$$\text{譲渡済みの土地面積に対する平米当たりの費用} = \frac{\text{インフラ投資総額}}{\text{事業に割当てた総面積（土地に関する法規定に基づく公共目的に使用する面積を除く）}} \times \text{譲渡済みの土地面積}$$

（6）仮払金の取り扱い

譲渡あるいは賃貸目的でインフラ施設、住居用家屋への投資事業を行い、かつ進捗スケジュールに基づき、段階的に仮払金を受領する事業者の場合、顧客から仮払金を受領した時点で仮申告を行う。

顧客から仮払金を受領した時点で関連費用を確定できる場合、売上から費用を差引いた金額に基づいてCIT申告・納税を行う。

関連費用が確定できない状況で、顧客からの仮払金を受領する場合、売上額の1％をみなしCITとして申告し仮納付する。当該売上はCIT確定申告時の課税対象売上に含めないものとする。また広告・営業・プロモーション・コミッ

ション費用が不動産事業による課税売上が発生する年度よりも前の年度に発生した場合、当該費用は発生した年度に計上せず、不動産引渡が行われ、課税対象売上が発生する、最初の年に費用計上される。

　不動産引渡時にCITを確定する。仮納付した税額が確定税額より少ない場合、不足額を追加納税する。逆に、仮納付した税額が確定税額より多い場合、差額分は翌期の申告納税時に繰越され納税過多分は翌期の納税額から控除される。

　土地を賃貸借する場合、CIT対象売上は借手が賃貸借契約に基づき、契約期間中に定期的に分割で支払う金額である。通常、借手が数年分を前払する場合、前払対象期間に対して前払金を按分し、当該年度分に割当てた売上額を当該年度の課税対象所得とし、残りは翌年度以降に課税対象所得として割当てるものとする。

（7）CIT税率

　不動産譲渡事業のCIT税率は20%である。

（8）損失の取り扱い

　CIT課税年度において損失が発生した場合、その損失額は他の所得が含む事業利益と相殺される。不動産事業の損失が事業利益と相殺後、損失が残る場合、当該残額を、最高5年間次年度に繰越することができる。

4.3　　　　　　　　　　事業所得ではない不動産譲渡益課税

　事業所得ではない不動産譲渡に対しては、譲渡益の20%がCITとして課税される。課税対象所得は以下のように算定される。

　不動産譲渡による課税対象所得

　＝不動産譲渡価格－不動産取得原価－関連費用

5 不動産リース

（1）不動産リースの取り扱い

不動産リースは資産リースとして取り扱われる。不動産リース事業は不動産譲渡事業とは別個に取り扱う。

（2）個人事業主に適用される税率

以下の表のとおり、個人事業主が不動産賃貸事業を行い、年間の売上高が1億VND以上の場合、VATやPITを申告納税する必要がある。収入に対して、VAT税率は5％、PIT税率は5％である。数年分の賃料を前払いする場合、課税対象所得は対象年度に応じて配分される。

	税　金	税　率
家賃収入 年間1億VND未満	PIT	—
	VAT	—
家賃収入 年間1億VND以上	PIT	5％
	VAT	5％

不動産リース税制施行ガイドラインではベトナム居住者のみが対象になっており、非居住者についての規定はない。ただし、居住者と同様にリース事業登録手続を行い、申告納税手続を行う必要がある。

（3）企業に適用される税率

　下の表のとおり、企業が不動産賃貸事業を行う場合、VATやCITはその他の役務提供事業と同様に算定される。数年分賃料を前払いする場合、課税対象所得は対象年度に応じて配分される。

	税金	税率
家賃収入	CIT	20%
	VAT	10%

6 土地使用料

（1）土地使用料納付要件

　農地から居住地、あるいは墓地・霊園へ使用目的の変更を認められた個人や企業は土地使用料を納付しなければならない。

（2）土地使用料の価格

　個人の場合、無償で国が割当てた農地から居住地へ変更する場合の土地使用料は、居住地価格に基づく土地使用料と管轄機関による使用目的変更承認時点の農地価格との差額となる。

（3）土地使用料算定方法

　企業の場合、以下のように土地使用料は算定される。

ⅰ．無償で国が割当てた農地から居住用土地、墓地、霊地へ使用目的を変更する場合、変更後の目的に応じて土地使用料を納付する。

ⅱ．有償で国が割当てた農地から居住地、墓地、霊地へ使用目的を変更する場合、土地使用料は以下のとおりである。

　(ⅰ)　2014年7月1日以前に土地の割当を受けた場合

　　　土地使用料は、目的変更後の土地分類に応じた価格に基づく土地使用料と、管轄機関により土地使用目的変更承認時点の土地使用期限の残存期間に応じた価格との差額である。

　(ⅱ)　土地賃料を毎年支払う方式の場合

　　　土地使用目的変更時に賃貸から割当に変更する場合、管轄機関により変更承認時の土地分類に応じた価格に基づく土地使用料を納付する。

　(ⅲ)　土地賃料を一括で支払う方式による土地賃貸の場合

　　　土地使用目的変更時に賃貸から割当に移管する場合、目的変更後の土地分類に応じた価格に基づく使用料と、変更承認時までに一括納付した

　土地賃料との差額となる。

（4）土地使用目的変更時の取り扱い

　合法的に土地使用権の譲渡を受け、投資案件を実施するために、土地使用目的を変更する必要がある企業の場合、以下のように土地使用料は算定される。

　ⅰ．無償で国が割当てた農地から居住用土地、墓地、霊地へ使用目的を変更する場合、変更後の目的に応じて土地使用料を納付する。

　ⅱ．土地使用権を取得するために納付済みの金額は、目的変更のために納付する土地使用料から控除される。

7 日越租税条約

（1）日越租税条約関連条項

日越租税条約によると、不動産事業による所得に関連する条項は以下のとおりである。

6条：不動産所得

　　日本の居住者である個人、企業がベトナムにある不動産により所得を得る場合、ベトナムにおいて課税対象となる。不動産に付随する財産を含み、直接使用、賃貸その他のすべての形式による使用から発生する所得に適用される。

7条：事業所得

　　日本の居住者である個人、企業はベトナムにおける恒久的施設を通して事業を行う場合、ベトナムで発生する所得について、当該恒久的施設に配分される所得に対して納税義務が発生する。

13条：譲渡による所得

　　日本の居住者である個人、企業がベトナムに保有する不動産の譲渡により利益を得る場合、ベトナムにおいて課税対象となる。

（2）ベトナム源泉地国課税

ベトナム法人の50％以上の価値が直接的・間接的に不動産で構成されている会社の株式を譲渡した場合、ベトナムで源泉地国課税が発生する。

8 不動産プロジェクトM&Aにおける 税務上の注意事項

8.1　不動産プロジェクトM&Aにおける税務上の注意事項 − CIT

　　不動産プロジェクトM&AにおけるCIT上の注意事項は以下のとおりである。

　　不動産プロジェクトにかかる賠償費用等について、賠償計画、あるいは管轄当局が公表する価格表に基づく費用のみ損金算入できるとみなし、実際の賠償費用よりも損金算入できる金額が少額となる事例が散見される。実際の市場価格に基づく賠償計画を事前申請することや、実情に近づけるように管轄当局の協力を得る必要がある。

　　ベトナム子会社が日本の親会社から不動産プロジェクトのために融資を受ける場合、利息費用が損金不算入とされる可能性がある。関連者取引に適用される損金算入制限規定として利払前・減価償却前・税金控除前利益（EBITDA）の30％を超える利息費用についてはCITを算出する際に損金算入が認められないと規定されているためである（Decree 68/2020/NĐ-CP）。ただし、損金算入できなかった利息費用は将来、対象利息費用が発生した年度から最高5年間、繰越してEBITDAの30％以下の利息費用が発生する年度に、追加損金算入が可能である。

　　不動産プロジェクトの最低定款資本金額はプロジェクト総投資額の20％（あるいは特定の場合において15％）と規定されている。未払いの定款資本又はそれ相当の借入金に対する利子は損金不算入とされる。

8.2 不動産プロジェクトM&Aにおける税務上の注意事項 − VAT

　　不動産プロジェクトM&AにおけるVAT上の注意事項は以下のとおりである。

　　VATはキャッシュフローと販売価格に影響を与える。不動産開発プロジェクトのために土地使用権を譲受ける企業の場合、土地使用権はVATの対象外で

あるが、免税額算定の際に制限規定が多くあるため、譲受人が想定よりも多額のVATを支払わなければならない事例が散見される。プロジェクトの進捗状況によっては、譲受人が当該VAT控除の恩恵を受ける為に、数年かかる可能性がある点に留意が必要である。

【著者紹介】
田中　雅敏
　（明倫国際法律事務所　代表弁護士）
原　智輝
　（明倫国際法律事務所ベトナムオフィス　代表弁護士）
Bui Hong Duong（ブイ ホン ズオン）
　（明倫国際法律事務所ベトナムオフィス　ベトナム弁護士）
石井　大輔
　（フェアコンサルティングベトナム　日本国公認会計士）
藤原　裕美
　（フェアコンサルティングベトナム　オーストラリア公認会計士）

【法人紹介】
明倫国際法律事務所
　明倫国際法律事務所は、ビジネスのエキスパートとして弁護士28名（ベトナム、インド、中国弁護士名を含む）が在籍し、年100件を超える海外進出を支援しています。ベトナムではハノイ、ホーチミンに拠点を設けています。

フェアコンサルティンググループ
　フェアコンサルティンググループは、日本発の会計事務所系グローバルコンサルティングファームです。2022年3月現在、世界17カ国・地域に29のグローバル直営拠点を持ち、様々な経営課題に対してソリューションを提供しています。

ベトナム不動産投資案内

2022年3月31日　初版発行

著　者　田　中　雅　敏
　　　　原　　　智　輝
　　　　Bui Hong Duong
　　　　石　井　大　輔
　　　　藤　原　裕　美
発 行 者　馬　場　栄　一
発 行 所　㈱住宅新報出版
〒171-0014 東京都豊島区池袋2−38−1
電話（03）6388−0052

印刷・製本／㈱ワコー
落丁本・乱丁本はお取り替えいたします。

Printed in Japan
ISBN978−4−910499−39−0　C2030